HISTOIRE

DE

LA PRÉTENDUE RÉVOLUTION

DE POLOGNE.

M.

1734

HISTOIRE

DE

LA PRÉTENDUE RÉVOLUTION

DE POLOGNE,

Avec un Examen de la Nouvelle Constitution.

Par M. Méhée.

Quod genus hoc hominum? quæ ve hos, tam barbara cives
Tellus alit?   Virg. Æneid.

A PARIS,

Chez Buisson, Imprimeur-Libraire, rue
Hautefeuille, n°. 20.

1792.

PRÉFACE.

IL s'est répandu depuis quelque temps en Europe un bruit qui commence à s'accréditer ; on prétend qu'une grande révolution s'est opérée en Pologne, et des écrivains de toute espèce nous invitent à l'admirer. Persuadé qu'avant d'en venir là, beaucoup de personnes desireroient la connoître, j'ai cru devoir opposer aux relations aussi fausses que ridicules des gazettes, et particulièrement aux officieuses interprétations du Mercure de France, le récit simple et vrai de ce que j'ai vu de mes yeux. Deux choses ont concouru à répandre le bruit dont je parle : d'abord, c'est qu'en effet il s'est passé en Pologne quelque chose que les gens du pays appellent une *révolution* ; secondement, ceux qui craignent et détestent la nôtre ne pouvoient pas mieux réussir à la calomnier qu'en les

A

comparant ; ils y trouvoient, comme dit la Fontaine :

Leur bien d'abord , et puis le mal d'autrui.

Rien de tout cela n'est fait pour nous étonner ; les méchans doivent mentir, les pruniers porter des prunes, et M. Mallet du Pan imprimer des sottises.

Dente lupus cornu taurus petit....   HOR.

Nous allons appuyer ceci d'un exemple, et jeter un coup-d'œil sur un article essentiel du Mercure.

Extrait du Mercure de France, sur la vente des starosties.

« LES *starosties* sont en Pologne des biens domaniaux, des fiefs de la couronne, des espèces de tenures dont l'usufruit est concédé à titre de grace ou de récompense (1).

―――――――――――――

(1) Cette définition des *starosties* est absolument fausse, et ne peut être admise que

Un grand nombre de familles de *l'ordre équestre* trouvent dans ces bénéfices civils un supplément à la modicité de leur fortune (*ce qui, de tout temps, a été fort commode et fort agréable*), et les moyens de *soutenir leur rang et les fonctions publiques de leurs chefs.* Jusqu'au milieu du règne actuel la nomination aux starosties appartint au roi; mais ce foible mobile d'influence lui fut retiré en 1775 par les décisions d'une diète asservie au cabinet de Pétersbourg, et qui s'étudia à énerver

dans le *Mercure de France.* Si M. Mallet du Pan osoit dire en Pologne que *les starosties* sont *des biens domaniaux, des fiefs de la couronne,* il se feroit jeter dans la Vistule. Si les *starosties* étoient *des fiefs de la couronne,* rien n'empêcheroit le roi d'en jouir lui-même. Pour dire vrai, il falloit dire que les starosties sont de véritables biens nationaux; mais alors la vente des starosties au profit de l'état auroit paru très-naturelle, et tout le beau morceau qui suit eût été perdu.

toutes les prérogatives de la couronne (1).
A cette époque on agita déjà la question
de savoir si l'on changeroit la destination
des starosties, en appliquant leurs revenus
au service public. L'esprit de *justice*,
soutenu du crédit des titulaires, fit prévaloir le respect de leur possession ; on dé-
cida que tant qu'ils vivroient ils ne seroient
pas dépouillés.

» Les usufruitiers de ces biens domaniaux

---

(1) La discussion de ceci nous mèneroit
trop loin. Ceux qui ont suivi les opérations
de la diète de 1775 savent s'il est vrai que
la disposition des *starosties* ait été ôtée au
roi, et que la cour de Pétersbourg se soit
attachée à *énerver toutes les prérogatives de
la couronne*. Il est curieux de voir qu'au
moment où l'on prend pour prétexte de la
prétendue révolution qui vient de s'opérer
l'intelligence qui régnoit entre la cour de
Pétersbourg et le roi de Pologne dans cette
fameuse diète de 1775 , on reproche à cette
cour de Pétersbourg d'avoir *énervé les prérogatives de la couronne....*

devoient au trésor public le quart de leur revenu; cependant, par un abus qui tenoit à ceux de l'ordre politique, civil et économique, les starosties payoient à peine la vingtième partie de leur produit. Au lieu de donner deux millions de florins, elles en rendoient à peine deux cent cinquante mille; la diète de 1775 les assujétit au quart rigoureux (qu'elles ne payèrent pas davantage).

» Les embarras de finance furent de tout temps des invitations à l'injustice, et des tentations d'envahissemens. A peine *la paisible et sage réforme de notre constitution*, qu'on a faussement appelée *révolution* (1), étoit-elle opérée; à peine ses frêles (*oh !*

---

(1) Si M. Mallet du Pan croit faire sa cour aux Polonois en appelant *sage et paisible réforme de la constitution* l'opération du 3 mai, il se trompe grandement. Qu'il sache que le seul moyen de les attacher à l'état actuel des choses est de leur dire qu'ils ont fait une *révolution*; car c'est une révolution

très-frêles) racines commençoient à ger-
mer, que, sous prétexte d'un *déficit non
prouvé* dans la balance des recettes et des
dépenses publiques, des novateurs ardens
ont proposé, ont exigé, ont poussé avec
violence la conversion subite des starosties
en biens disponibles sur-le-champ au profit de la république. Depuis un mois entier
les séances, les débats de la diète n'ont
pas eu d'autre objet. Le roi y est intervenu
plusieurs fois avec *cet esprit doux et con-
ciliant qui le caractérise.* Les partisans de
la confiscation ont demandé, les uns qu'on
appliquât au trésor public les revenus des
starosties ; les autres, qu'on les aliénât. Ce
dernier parti a prévalu dans les comités de
constitution et des domaines auxquels on
l'avoit d'abord renvoyé ; mais reporté dans
la diète, il y a éprouvé une opposition

---

qu'ils vouloient. Il faut que le sage rédacteur du Mercure ait bien mal compris *ses
instructions* pour commettre un pareil *ana-
logisme.*

terrible et *puissamment motivée*. Le prince primat, *frère du roi*, en a entr'autres développé l'injustice et le danger ; il a démontré que cette spoliation armeroit des milliers de citoyens contre la diète et contre la constitution (1). Les auteurs des entreprises fiscales de ce genre fondent ordinairement sur l'exigence de l'intérêt public les sacrifices que les propriétés particulières doivent à la patrie ; bien entendu qu'eux-mêmes n'ont aucune propriété à sacrifier (2).

» Ainsi le clergé de France fut dépouillé *pour le salut public* par ceux qui n'avoient rien à perdre, et qui voyoient une fortune à faire sur ces dépouilles ; ainsi les pro-

____

(1) C'étoit donc le danger et non pas l'injustice qui l'effrayoit.

(2) Si l'on vouloit retourner la médaille, on remarqueroit bien souvent que lorsqu'il s'agit de faire des sacrifices à l'intérêt public, on ne trouve guères d'opposition que parmi les intéressés.

A 4

priétés de la noblesse du même royaume furent immolées *au bien public* par le désintéressement des avocats, des procureurs, des gentilshommes qui ne possédoient aucune propriété seigneuriale (1). Ainsi

---

(1) Quand il s'agit de rendre justice, on n'est pas dans l'usage d'attendre que l'usurpateur veuille bien se dessaisir. Au reste, il est faux qu'il n'y ait eu en France que les avocats de désintéressés ; on a vu la classe des riches donner l'exemple des plus grands sacrifices pécuniaires ; et lors que l'on proposa d'abolir la noblesse, c'est un Montmorency qui regrettoit de n'en avoir pas fait la proposition. Cet *ordre*, que le *premier baron chrétien* proscrivoit, étoit défendu par le fils d'un *savetier*. Il me semble qu'on ne pouvoit guères donner de plus grande preuve de désintéressement de part et d'autre.

Au reste, messieurs les mécontens, tout ceci n'est au fond qu'une dispute de mots. Nous appelions usurpation ce que vous appeliez propriété ; l'affaire a été mise aux voix, qu'avez-vous à réclamer ?

un despote rançonne ou pille tour-à-tour les différens états de la société pour subvenir à la *nécessité publique* ; mais dans une société où les principes de la vraie liberté ne sont pas des boules de gibecière que des *jongleurs* escamotent ou font paroître à volonté, les choses doivent aller tout autrement. Un vol commis par l'état n'est pas moins un vol que le filoutage d'un particulier ; il n'est permis à la société de disposer des propriétés de personne, sans une indemnité convenue d'avance. Le parlement d'Angleterre n'oseroit, ne pourroit pas obliger un citoyen à vendre un pouce de terrein (*qui seroit à lui*) pour l'alignement d'une voie publique ; et une diète quelconque disposeroit arbitrairement de plusieurs millions de revenus particuliers, *d'usufruits légitimes transmis et possédés sous l'autorité des loix* (1).

____

(1) Comme toute la question se réduisoit à savoir si ce que l'on appelle *propriété* n'est

» Ce *brigandage*, coloré du vernis d'un prétendu amour de la patrie par gens qui n'aiment rien que *leur bien propre et puis le mal d'autrui*; ce *brigandage*, qui consiste à opprimer telle ou telle classe sociale au profit de telle ou telle autre, a été très-bien caractérisé en ces termes par le comte *Potocki*, maréchal de Lithuanie (1).

---

pas une usurpation, il est certain que c'est par cette démonstration qu'il falloit commencer; car tant que nous ne sommes pas d'accord sur le principe, toutes vos conséquences sont ridicules. A quoi sert que vous nous prouviez que l'on doit respecter les propriétés, lorsqu'on vous soutient qu'on n'a pas touché à des propriétés? Il est incroyable qu'on ose reproduire toutes les semaines les mêmes raisonnemens et le même bavardage!

(1) M. le maréchal *Potocki* est sans doute un homme de mérite et de beaucoup d'esprit; mais il est ministre et auteur de la nouvelle forme constitutionnelle qui, si elle restoit, assureroit la fortune de toute sa

« Gardez-vous, a-t-il dit, illustres états,
» d'imiter en ceci une nation très-digne de
» nos respects à tous autres égards. Les
» fautes qu'elle a commises ont pour prin-

---

maison. Il prouve, dans sa note sur la vente
des biens nationaux, la réalité du danger
(auquel il prétend que *nous nous sommes
exposés*) de s'égarer dans le labyrinthe des
spéculations syntétiques. Son avis, je crois,
ne ramènera personne, il y a même beaucoup d'apparence qu'il n'y tient guère lui-
même ; mais il connoît parfaitement quels
raisonnemens conviennent à ceux à qui il
parle, et il les emploie. Je vais citer un des
raisonnemens qu'il présenta un jour à la
diète, et qui fit fortune.

La diète avoit résolu d'adresser une note
à l'électeur de Saxe ; M. *Menzenski*, nonce
de *Sandomir*, s'y étoit opposé, ainsi que
plusieurs autres ; ce qui n'avoit pas empê-
ché M. le maréchal de la diète de dire qu'il
y avoit *unanimité*. M. Menzenski, voyant
cette manœuvre, envoya sa protestation à
Dresde. Grande rumeur à la diète les jours

» cipe une seule erreur ; elle a toujours
» considéré les hommes pris en masse ;
» elle a perdu de vue les individus ; elle
» a voulu être juste envers tous ; elle a

---

suivans ; déjà on proposoit des mesures très-
sévères contre les protestations , et sur-tout
contre celles de la nature de celle-ci, qui
inculpoit de faux le président de la diète.
M. le maréchal Potocki observa que par
cette protestation le maréchal de la diète
n'étoit pas le seul inculpé ; *car*, dit-il, *si
le maréchal de la diète est coupable d'un
faux , nous sommes coupables d'une lâcheté, ayant souffert ce faux ; voici comment il faut nous y prendre pour nous dis-
culper tous ; donnons à notre maréchal une
déclaration qu'il n'a pas commis le faux
qu'on lui reproche ; lorsqu'on ne pourra
plus lui reprocher de faux , on ne pourra
pas non plus nous reprocher de l'avoir souffert.* On trouva l'expédient excellent, et la
déclaration proposée fut signée par le roi
et par tous les nonces , *excepté ceux qui
avoient protesté.*

» été injuste envers les parties ; elle a pris
» les membres de la société civile pour
» des êtres idéaux , ou pour des figures
» géométriques sur lesquelles elle pouvoit
» faire ses raisonnemens systématiques par
» abstraction , sans prendre les hommes
» tels qu'ils sont en effet. Lorsque , s'en-
» fonçant dans la théorie, l'on prononce
» sur la totalité du genre humain, et qu'on
» s'élève avec indifférence au-dessus du
» sort des citoyens individuels, l'on peut,
» à la vérité , établir quelques vérités abs-
» traites ; mais ces vérités porteront in-
» failliblement dans l'application des in-
» justices multipliées , et ces injustices fe-
» ront rejaillir une flétrissure ineffaçable
» sur les maximes les plus saines et les
» plus irréfragables. L'esprit saisira tou-
» jours ces grandes vérités générales , il
» les approuvera ; mais un cœur vérita-
» blement généreux et ami de la vertu ne
» se permettra pas , dans la plupart des
» cas, l'application et l'exécution de ces

» mêmes principes dont l'esprit s'est con-
» vaincu ».

» Cette dangereuse délibération n'est pas terminée ; elle menace d'embrâser la république en fortifiant le parti déjà dangereux des mécontens. A leur tête se trouve l'*évêque de Vilna*, esprit turbulent ; *le comte Potocki*, général d'artillerie, redoutable & inquiétant par ses qualités éminentes, et par le patriotisme qu'il a manifesté en plusieurs occasions, autant que par sa naissance et par sa fortune ; le comte *Rzewuski*, petit général de la couronne ; et le grand général comte *Branicki*, neveu par sa femme, et l'un des héritiers du prince Potemkin. Quelques-uns de ces chefs sont à Jassi ; on les soupçonne de travailler auprès des plénipotentiaires russes contre la nouvelle constitution. Comme ils gagnent chaque jour des adhérens dont l'audace va même jusqu'à menacer la diète de prochaines *confédérations*, et jusqu'à protester dans les *grods* ou dépôts publics ,

M. *Zboinski*, nonce de *Dobrayn*, proposa le 6 un décret tendant à ce que tout citoyen qui dresseroit des *manifestes* ou des *protestations* contre la nouvelle constitution fût cité pardevant le tribunal *comitial*, et puni comme perturbateur du repos public, *sauf néanmoins à chaque citoyen revêtu d'un emploi public, comme à tout repréfentant de la nation*, le droit et la faculté de manifester librement ses sentimens, et d'en faire insertion dans les actes publics, en vertu des loix anciennes et récentes *de libera voce*.

» Ce projet, on le voit, n'offensoit ni la liberté des membres de la minorité de la diète, ni celle des citoyens en fonctions publiques, ni l'intérêt des peuples, comme le blessèrent en France les clameurs tyranniques de la majorité de l'assemblée constituante contre les protestations de la minorité, et le délire de ces adresses insensées où l'on faisoit enregistrer des invectives contre le droit de protester. Ce-

pendant le respect *exagéré* des manifesta-
tions publiques de dissentiment, étendues
à la généralité des citoyens, entraîna la
diète dans des débats longs et violens. Après
six heures de discussion, le roi présent
prit la parole, et *appuya* la motion *raisonnable* de M. *Zboinski* ; les voix étant
recueillies dans la chambre du sénat, le
seul prince *Czerwertynski* la rejeta ; dans
celle des nonces elle eut deux cent soixante-
dix suffrages contre trente.

» Malgré sa foiblesse, la minorité revint
à la charge dans la séance du 9. Le nonce
Mirzejewski, soutenu du prince *Sangusko*,
s'éleva de nouveau très-vivement contre le
décret qui punit de mort les protestations ;
au lieu de se défendre avec la mesure convenable à des législateurs, quelques-uns
des membres de la majorité s'emportèrent
avec une indignité scandaleuse jusqu'à menacer les deux opposans. Plusieurs des
partisans du décret revinrent sur leurs pas,
prirent la défense de M. *Mirzejewski*, et
déclarèrent

déclarèrent que c'en étoit fait de la liberté, si l'on interdisoit les protestations contre les décrets de la diète. L'agitation parvint au point qu'en signe de danger beaucoup de nonces se couvrirent et tirèrent leurs épées à mi-fourreau ; on vit l'instant où les deux partis alloient s'assaillir, et le sang couler. Dans cet horrible tumulte, les maréchaux de la diète épuisèrent vainement leurs efforts à rétablir l'ordre ; mais ils empêchèrent au moins le sang de couler. On leva la séance sans prendre de résolution.

» Le scandale de cette séance a nui aux partisans de la nouvelle constitution, et leur a enlevé plusieurs membres. Les vrais patriotes s'en affligent d'autant plus, que la diète sembloit avoir relégué pour toujours ces désordres honteux à *l'assemblée populaire de France*, et que les ennemis de nos dernières loix en tireront avantage. Leur activité, leurs démarches, leur nombre même augmentent ; peut-être auroit-

on prévenu ces dangereux progrès en s'oc-
cupant exclusivement d'affermir les dernières institutions, au lieu d'entreprendre
l'exécution d'autres nouveautés (*telles que
la vente des starosties, par exemple*). Le
sûr moyen de faire péricliter une *réforme
utile*, est de vouloir tout réformer, d'offenser à-la-fois tous les intérêts, de les
armer par cette imprudence contre des
loix dont le mécontentement eût respecté
le maintien, et de donner ainsi des alliés
aux factieux. Une *révolution sans violence* ramène insensiblement les cœurs
lorsqu'elle sait s'arrêter devant les droits
de la justice, et même devant les *préjugés
de sentiment* (1) ; mais une révolution trop
long-temps soutenue prend toujous le ca-

---

(1) Vous ne vous bornez donc plus, messieurs, à réclamer ce que vous appelez *les
droits de la justice*, il faut encore respecter
vos préjugés de sentiment ? Oh bien, le
peuple a actuellement *un préjugé de sentiment* qu'il faut respecter à votre tour.

ractère de l'usurpation, et finit par croûler sous ses propres excès ».

On a rapporté tout entier ce morceau *éloquent* du Mercure de France pour deux raisons :

D'abord nous y apprenons, de la bouche d'un homme dont l'aveu n'est pas suspect, combien la révolution a fait faire de progrès aux Polonois dans l'exercice de cette vertu qu'ils ont sans cesse à la bouche, *la tolérance d'opinion* ; nous les voyons à tout moment disposés à persuader à coup de sabre ceux qui ne sont point de leur avis.

Secondement, il est assez curieux de voir M. *Mallet du Pan* approuver les mesures tyranniques prises par les états de Pologne pour empêcher les citoyens de protester contre le despotisme que l'on veut substituer à leur ancienne anarchie, tandis que le même M. *Mallet du Pan* trouve fort doux qu'il lui soit permis en France d'imprimer et de vendre un libelle périodique pour lequel on n'auroit pas trouvé de supplices assez féroces dans l'ancien état des choses qu'il regrette. Il est curieux de voir M. *Mallet du Pan* soutenir que l'on a eu raison d'interdire, sous *peine de la vie*, le moindre signe de mécontentement à tout homme qui ne sera ni fonctionnaire public, ni représentant de la nation, tandis que le même M. *Mallet du Pan* trouve très-bon qu'il soit permis à un folliculaire suisse de dire hautement aux représentans d'une grande nation qu'ils sont des *brigands*, des *voleurs*, des *jongleurs*, et autres gentillesses qui, dans tout autre pays, lui auroient valu ou le carcan ou le gibet.

Je suis loin de trouver mauvais qu'il soit permis aux mécontens de dire leur avis ; mais des injures atroces ne pouvant jamais être considérées comme propres à connoître des vérités utiles, il me paroît bien étonnant que M. *Mallet du Pan* n'ait pas encore été puni et de son audace et des insinuations séditieuses dont il nourrit ses libelles (1).

Comme on n'a pas manqué de faire sonner bien haut la liberté de la presse, ordonnée par une loi cardinale, je crois devoir placer ici deux anecdotes, dont l'une prouvera jusqu'à quel point il est permis d'user en Pologne de cette liberté si solemnellement décrétée ; l'autre, combien on tremble de voir rien percer de ce qui pourroit dévoiler les manœuvres de la cour.

Un jeune homme qui avoit passé plusieurs années en Pologne, et qui l'avoit quittée pour aller en Russie, revenoit de ce dernier pays, appelé par un ardent desir

---

(1) M. Mallet du Pan ne sera peut-être pas fâché de savoir que si un écrivain en Pologne se permettoit, je ne dis pas des injures, mais les observations les mieux fondées contre la diète, et qu'il y mît de la fermeté à soutenir son avis, il ne seroit pas un mois sans être assassiné par les satellites des révolutionnaires ses amis.

B 3

de voir la France sa patrie libre et régénérée ; il passa à Varsovie au moment où s'opéroit la révolution de Pologne, que des récits trompeurs lui peignoient en beau. Quelqu'un lui proposa de faire une *gazette de Varsovie*, et de s'associer pour cela à un Allemand qui s'étoit depuis quelque temps fixé dans ce pays-là. La liberté de la presse lui laissant l'espoir d'être de quelque utilité, il accepte et commence sa feuille. Dans le premier numéro on lui reproche de n'avoir pas assez loué les membres qui avoient parlé à la diète, et surtout un discours que le roi avoit prononcé ; le roi ne s'expliqua pas aussi clairement, il se contenta de dire que *l'article de la diète étoit bien sec.* Dans le second numéro on fut très-étonné que le rédacteur n'eût pas réparé sa faute, et qu'il se fût borné à dire ce qui s'étoit passé ; on crut qu'il s'amenderoit enfin dans le troisième ; mais on n'y trouva, comme dans les deux premiers, que le journal de la diète ; enfin, dans le quatrième, le roi ayant vu, outre ce journal, une lettre d'un mécontent qui faisoit à la diète quelques reproches, à la vérité assez mal fondés, ne put dissimuler son ressentiment, et sans vouloir faire attention que le rédacteur avoit répondu à ces reproches, sa majesté dit à quelqu'un, en trépignant des pieds et en grinçant un peu les dents : *voyez-vous ce François que vous me recommandiez, ne le voilà-t-il pas qui va nous prêcher ici la doctrine de son pays ?* La personne qui avoit conseillé au jeune François de faire une gazette de Varsovie fut chargée de lui apprendre comment il falloit s'en acquitter ; cette aventure cependant n'étoit pas finie.

La colère du roi, comme dit Salomon, est terrible... Elle perça dans le public ; un avocat ivre alla dénoncer à la police le numéro IV de la gazette de Varsovie ; le rédacteur reçut ordre de se rendre à la police avec son numéro. Là, on lui conseilla avec toute la politesse possible de tâcher, puisqu'il vivoit en Pologne, de plaire aux Polonois, et de ne pas insérer dans sa feuille des faits qui, passant chez l'étranger, pouvoient donner une idée désavantageuse de la constitution. Le jeune homme ayant répondu qu'il ne vouloit jamais citer que des faits, mais qu'il vouloit les citer tous, demanda un acte de comparution; on le lui refusa, et ce refus ne lui permit pas de constater les fondemens de la plainte qu'il se proposoit de porter aux états, en violation de la loi qui ordonne la liberté de la presse, sauf à l'écrivain d'en répondre devant les tribunaux, et non pas devant la police.

Voici la seconde anecdote.

Le même jeune homme avoit reçu de Dresde une copie d'une note de l'électeur aux états de Pologne. Par cette note l'électeur ne refusoit pas tout-à-fait la couronne de Pologne qu'on lui offroit; mais il présentoit un grand nombre de difficultés qui ne pouvoient être levées de très-long-temps, et qui marquoient au moins son peu d'empressement à se rendre au vœu de la Pologne. Cette note, ne s'accordant point du tout avec les espérances que le roi et son conseil donnoient aux états, concernant les dispositions de l'électeur de Saxe, ou ne fut point lue, ou fut très-altérée ; le rédacteur de la gazette de Varsovie parla de cette note à celui qui l'avoit engagé à entreprendre cette feuille, et dès le lendemain il reçut le billet suivant qu'on avoit apporté quatre fois chez lui dans son absence.

« Mon cher monsieur........ venez vîte
» chez moi, et apportez avec vous la note
» que vous avez reçue de *Dresde* ; ne
» craignez rien, c'est pour vous en faire
» un mérite, fiez-vous à moi ».

PIATTOLI (1).

---

(1) L'abbé Piattoli est un Italien qui a travaillé avec M. Delolme à l'ouvrage de ce dernier sur l'Angleterre. C'est un homme de mérite ; il possède la confiance du roi, et il en est très digne. Ceci ne peut pas le compromettre, puisqu'en écrivant le billet en question il a suivi les ordres qu'on lui avoit donnés.

Le jeune homme se rendit à l'invitation ; mais il n'y apporra pas la note, parce qu'il ne vouloit pas la donner. L'abbé Piattoli lui apprit que le roi étoit venu trois fois dans sa chambre, que cette note reçue de *Dresde* tournoit la tête de sa majesté, et qu'elle vouloit absolument l'avoir. Le jeune homme s'excusa comme il put ; mais il ne donna pas la note.

D'après ces deux aventures, le rédacteur de la gazette de Varsovie sentit bien que sa feuille, telle qu'il vouloit la faire, ne pouvoit pas lutter contre de pareils adversaires, il la laissa à son associé ; et après avoir eu le temps d'examiner à fond le véritable état de la Pologne, et s'être munis de toutes les pièces qu'il crut pouvoir jeter du jour sur la prétendue révolution, il revint dans son pays, où il écrivit ce qu'on va lire.

HISTOIRE

DE LA PRÉTENDUE RÉVOLUTION

DE POLOGNE.

SI l'on en croit les Polonois, il ne leur manque qu'uue bonne constitution pour être une nation florissante ; la nature de leur sol et leur position topographique semblent confirmer cette idée ; mais si l'on considère leurs usages, leurs vices et leurs préjugés, on sera fort tenté de croire qu'ils ne seront de long-temps propres à recevoir une bonne constitution. S'il est des convenances locales que le législateur doit respecter, il est aussi des principes généraux sous l'autorité desquels tout le reste doit fléchir. Je sais qu'il n'est pas donné à tout le monde de s'élever au-dessus de tous les préjugés, et de balayer tous ces abus en faveur desquels militent tant de petites considérations ; mais il est des bases sans lesquelles on ne peut rien fonder de durable ; rien de solide ne posera désormais que sur la justice et l'humanité ; si les archi- tectes du nouvel édifice dont s'honore la Pologne ont méconnu cette vérité , ils verront s'écrouler leur ouvrage , et périr avec lui leurs criminelles espérances. Sans doute ils attesteront cette humanité qu'ils ont sans cesse à la bouche ; ils protesteront que l'intérêt commun et le bonheur de leurs frères les ont seuls dirigés ; s'il ne s'agissoit que de les convaincre du contraire , je me bornerois à fixer les regards du lecteur sur l'idée d'un état, soi-disant libre , qui tient dans les fers de l'esclavage les deux tiers de sa population ; ce seul apperçu de la Po- logne imposeroit silence aux plus intrépides prôneurs de sa prétendue régénération ; mais je me suis proposé de mettre le public à portée de juger lui-même en plaçant sous ses yeux les pièces du procès.

On se souvient du fameux voyage de l'impératrice voyage qui a provoqué la dé- claration de guerre des Turcs) , et des entrevues de cette princesse avec l'empereur Joseph II et le roi de Pologne ; on présu- moit avec raison que des démarches aussi nouvelles annonçoient des projets profonds ; mais on ne concevoit pas quelle part le roi de Pologne pouvoit y prendre ; on sut bientôt qu'il avoit été offri à l'impératrice un traité d'alliance entre la Russie et la Pologne contre les Turcs. Il n'est pas à présumer qu'une princesse aussi éclairée, et qui connoît aussi bien sa Pologne, ait pu faire grand fond sur une pareille alliance ; mais dans *le vaste champ de la politique il est d'usage de tout cultiver...* On accepta l'offre.

De retour à Varsovie, le roi prépara ses batteries ; il falloit proposer à la Pologne divisée, dépeuplée, exténuée, une guerre contre un de ses voisins, le seul peut-être dont elle n'avoit jamais eu à se plaindre ; tout invitoit à rejeter une pareille proposition, le roi le sentoit ; mais son génie inventif lui offroit des moyens contre tous les obstacles.

Les Polonois d'aujourd'hui ne sont pas ceux qui ont délivré Vienne ; la plupart ne connoissent de guerre que celle qu'ils font à leurs malheureux paysans ; et l'idée d'avoir affaire aux Turcs pouvoit en engager un grand nombre à parler pour la paix. La première occupation du roi fut de les accou-

tumer à voir des Turcs et à faire sauter
des têtes musulmanes ; on ordonna les préparatifs d'un grand tournois pour l'inaugu-
ration de la statue de Sobieski ; des bustes
de Maures et de Turcs étoient placés de distance en distance dans la circonférence
d'un vaste amphithéâtre ; leurs visages
noirs, leurs larges poitrines, leurs turbans,
leurs moustaches auroient fait trembler tout
autre que des gentilshommes Polonois ;
mais ils ne furent pour ceux-ci qu'une occasion de mettre au grand jour leur courage et leur dextérité. Il n'y eut pas une
seule de ces têtes turques qui ne tombât vingt
fois (1) sous le bras vigoureux des athlètes
de Varsovie ; les *bravo* et les applaudisse-
mens d'un peuple immense furent le prix
de leur valeur , et des couronnes furent
présentées aux chevaliers vainqueurs par les
dulcinées de la cour Sarmate. Suivit un
opéra analogue dans lequel on traitoit les
musulmans de *Turc-à-Maure*. Une brillante
illumination et un festin terminèrent la fête,

Le roi , après avoir ainsi prouvé la su-

____

(1) Dès qu'une tête étoit à bas un laquais la replaçoit
bien vite sur les épaules auxquelles elle appartenoit.

périorité des Polonois sur les Musulmans (1),
travailla à faire fermenter dans les têtes le
germe belliqueux dont il avoit besoin pour
la réussite de ses projets.

De toutes les puissances liées avec la Pologne par des rapports douloureux pour
celle-ci , la Prusse étoit la seule que l'on
n'eût pas consultée dans l'affaire qui faisoit
l'objet du voyage de l'impératrice et des sus-
dites entrevues ; il ne lui fut pas difficile de
découvrir qu'il s'agissoit, quant au roi de
Pologne , d'un traité offensif avec la Russie :
traité qui devoit être proposé à la prochaine
diète. Les préparatifs des deux cours impériales, l'indiscrétion de quelques confidens,
les combats livrés à Varsovie contre les
mannequins turcs ; enfin , les propos du
roi (2) ne laissoient aucun doute à cet égard ;
il falloit bien d'ailleurs que tout à la fin se

---

(1) Il n'y eut , du côté des Polonois , qu'un page
légèrement blessé d'une chûte de cheval.

(2) Le roi disoit un jour devant une société assez
nombreuse : *si les Turcs viennent encore jusqu'à Vienne,
il faudra bien aller encore les chasser.* Sire , lui répondit
un Polonois aussi brave homme que mauvais courtisan, si les Turcs vont à Vienne , il faut que nous allions
à Léopold.

découvrît, puisque ce traité devoit être proposé à la diète. La Russie vouloit avoir le mérite d'une ouverture confidentielle à la cour de Prusse ; en conséquence, M. le comte Stackelberg, ambassadeur de Russie à Varsovie, en fit part à M. Bukholtz, envoyé de Prusse à la même cour ; mais ce traité d'alliance à contracter avec la Pologne devoit avoir pour but unique la sûreté de celle-ci (*étoit-il dit dans la note au ministre de Prusse*), *ainsi que sa défense contre l'ennemi commun*. Les idées que cette ouverture fit naître à la cour de Prusse sont très-bien développées dans la note présentée par M. Bukholtz à la diète ; nous allons la citer en entier.

Déclaration de sa majesté le roi de Prusse aux états confédérés de la Pologne.

Ce fut à la fin d'août que M. le comte de Stackelberg, ambassadeur de Russie, déclara officiellement au soussigné que sa majesté l'impératrice avoit résolu de faire avec le roi et la république de Pologne, dans la prochaine diète, une alliance dont le but et l'unique objet seroit la sûreté et l'intégrité

grité de la Pologne, ainsi que sa défense contre l'ennemi commun.

Le soussigné en ayant fait le rapport au roi son maître, il a déclaré à M. le comte de Stackelberg, en conséquence de ses ordres, que quelque sensible que sa majesté fût à cette ouverture confidencielle, elle ne pouvoit pourtant pas dissimuler qu'elle ne voyoit aucune nécessité d'une pareille alliance, vû sur-tout les traités subsistans de tous côtés ; que si on jugeoit cependant une nouvelle alliance nécessaire pour la Pologne, sa majesté feroit aussi proposer le renouvellement des traités qui subsistoient de longue main entre la Prusse et la Pologne, comme elle ne prenoit pas moins de part au bien-être de cet état voisin qu'aucune autre puissance.

Le soussigné a accompagné cette réponse de la représentation de plusieurs autres motifs qui pouvoient faire sentir l'inutilité et en même temps les suites dangereuses d'une alliance pareille entre la Russie et la Pologne, d'après le doub'e but énoncé.

Le baron de Keller, ministre du roi à Pétersbourg, a été chargé de faire immé-

diatement les mêmes déclarations et représentations à la cour impériale de Russie.

Comme le roi a cependant appris avec
surprise que le projet de cette alliance a
déjà été précédemment communiqué et agité
en Pologne, et qu'il est possible qu'il soit
repris à la présente diète, sa majesté croit
annoncer ses sentimens sur un objet aussi
intéressant pour elle et pour la Pologne par
la déclaration suivante :

Si l'alliance projetée entre la Russie et la
Pologne doit avoir pour premier but la conservation de l'intégrité de la Pologne, le roi
n'en voit aucune utilité ni nécessité ; cette
intégrité se trouvant déjà suffisamment garantie par les derniers traités.

On ne sauroit supposer que leurs majes-
tés l'impératrice de Russie, ni son allié l'empereur des Romains, veuillent enfreindre les
leurs.

Il faudroit donc supposer au roi un pareil
dessein, et diriger en conséquence contre
lui cette alliance.

Sa majesté n'ignore pas qu'on a pris à
tâche depuis quelques-temps d'imprimer
une opinion sur ses vues, relativement à

l'intégrité des états de la république , aussi peu convenable à sa droiture qu'à la dignité de sa politique.

Le roi peut plutôt provoquer un témoignage de la partie saine et éclairée de la nation polonoise , s'il n'a pas pris tous les soins possibles pendant; la durée de son règne de maintenir une bonne amitié et le meilleur voisinage avec elle , et s'il est arrivé la moindre chose qui puisse faire juger ou soupçonner du contraire.

Le roi ne peut donc pas se dispenser de réclamer et de protester solemnellement contre le but de la susdite alliance , si elle doit être dirigée contre sa majesté , et elle ne pourroit la regarder dans ce cas que comme tendante à interrompre la bonne harmonie et le bon voisinage établi entre la Prusse et la Pologne par les traités les plus solemnels.

Si, en second lieu, cette alliance doit être dirigée contre l'ennemi commun ; si l'on entend sous cette qualification la Porte Ottomanne , le roi ne peut pas se dispenser , par amitié pour la république de Pologne , de lui représenter que la Porte Ottomanne ayant toujours religieusement observé la paix de

Carlovitz, et ayant aussi soigneusement ménagé les états de la république pendant tout le cours de la présente guerre, les suites les plus dangereuses ne manqueroient pas de s'en suivre, tant pour les états de la république que pour ceux de sa majesté prussienne qui y avoisinent, si la Pologne venoit à contracter des liaisons qui autoriseroient la Porte à voir dans la Pologne un ennemi, et à l'inonder de ses troupes peu accoutumées à la discipline militaire.

Tout bon et éclairé citoyen de la Pologne sentira aisément combien il seroit difficile, sinon impossible, de défendre sa patrie contre un ennemi aussi proche, aussi formidable et aussi heureux.

Il comprendra en même-temps que, par une démarche de cette nature, les moteurs du projet d'une alliance contre la Porte seroient aussi ceux qui, selon le dispositif de l'article VI du traité conclu en 1773 entre la Prusse et la république, dispenseront le roi de garantir à la république l'intégrité de ses états, les guerres entre la Pologne et la Porte Ottomanne étant expressément exceptés dans le susdit traité.

L'alliance projetée ainsi entre la Russie

et la Pologne entraîneroit donc la république immanquablement, et sans aucun but ni nécessité, dans une guerre ouverte avec un de ses meilleurs voisins, mais en même-temps le plus dangereux ennemi.

Elle priveroit la république de l'assistance et de la garantie du roi, sans lui en présenter une meilleure et plus suffisante.

Le roi ne sauroit donc être indifférent au projet d'une alliance aussi extraordinaire qui menaceroit non-seulement la république de Pologne, mais aussi ses propres états, aussi voisins de la Pologne, du plus grand danger, et ne manqueroit pas d'étendre le feu de la guerre et de causer un embrâsement plus général.

Le roi ne trouve pas à dire que la république de Pologne augmente son armée, et mette ses forces militaires dans un état plus respectable; mais il donne à considérer aux bons citoyens de la Pologne si l'on ne pourroit pas, dans les circonstances présentes, abuser d'une augmentation quelconque de l'armée polonoise, entraîner la république, contre son gré, dans une guerre qui lui est étrangère, et par conséquent amener des suites désagréables.

Le roi se flatte que sa majesté le roi de Pologne et les états de la sérénissime république, assemblés dans la présente diète, voudront prendre en mûre considération tout ce que sa majesté vient de leur faire représenter, dans les vues et par les principes de la plus sincère amitié, et pour le véritable bien et intérêt commun des deux états, si étroitement liés par des liens indissolubles d'alliance permanente et éternelle.

Sa majesté espère de même que sa majesté l'impératrice de Russie ne refusera pas son suffrage à des motifs aussi justes et aussi conformes au véritable bien-être de la nation polonoise, et elle s'attend par conséquent avec confiance qu'on fera abstraction de part et d'autre du projet d'une alliance aussi peu nécessaire, mais toujours très-dangereuse pour la Pologne.

Si, contre toute attente, on vouloit procéder outre à la conclusion de l'alliance souvent mentionnée, le roi offre également à la Sérénissime république son alliance et le renouvellement des traités qui subsistent entre la Prusse et la Pologne.

Sa majesté croit pouvoir lui garantir son intégrité aussi-bien que toute autre puissance, et elle fera tout ce qui dépendra d'elle pour préserver l'illustre nation polonoise de toute oppression étrangère, et particulièrement d'une attaque hostile de la Porte Ottomanne, si elle veut suivre son conseil.

Si, contre toute attente, on ne vouloit pas faire attention à toutes les considérations et offres amicales, le roi ne voyant plus dans le projet de l'alliance susdite qu'un projet formé contre sa majesté, et celui d'entraîner la république dans une guerre ouverte avec les Turcs, et d'exposer, par une suite inévitable, à leurs incursions et hostillités, non - seulement la république, mais aussi ceux de sa majesté prussienne, elle ne pourroit pas se dispenser de prendre les mesures que la prudence et sa propre conservation lui dicteroient, pour prévenir des desseins aussi dangereux pour l'un et pour l'autre état.

Dans ce cas, non espéré, sa majesté invite les véritables patriotes et les bons citoyens de la Pologne de se joindre à elle pour détourner, par des mesures sages et communes, les grandes calamités dont leur patrie est menacée.

C 4

Ils peuvent s'attendre fermement que sa majesté leur accordera tout l'appui nécessaire et l'assistance la plus efficace **pour** maintenir l'indépendance, la liberté de la Pologne.

Fait à Varsovie, le 12 octobre 1788.

Signé, Louis de Bukholtz, envoyé extraordinaire de sa majesté prussienne.

Cette déclaration eut le plus grand succès à la diète; les raisons alleguées par la Prusse étoient sans réplique; et un très-grand nombre de citoyens trouvèrent qu'il y auroit de la bassesse à se joindre aux deux cours impériales pour en opprimer une troisième, qui depuis la paix de *Carlovictz* avoit religieusement cultivé l'amitié des Polonois. La diète n'étoit pas alors aussi généralement vendue au roi qu'elle l'est aujourd'hui; les Russes, par une longue habitude du pays, étoient parvenus à un dégré de mépris pour les Polonois, qu'ils ne se donnoient pas la peine de dissimuler: et ceux d'entre ceux-ci qu'on avoit dédaigné de gagner se vendirent aux Prussiens, et parvinrent à former un parti considérable.

Il importoit à la Prusse de détruire l'influence des Russes en Pologne, afin d'y influer elle-même ; dès ce moment deux partis se distinguèrent et se distinguent encore dans les états ; le parti Prussien et le parti Russe. Embarrassée du côté des Turcs et des Suédois, la Russie ne pouvoit pas faire de grands efforts en Pologne, mais elle avoit pour elle la ressource du *veto* qui pouvoit arrêter à la diète l'effet de toutes les délibérations qui lui seroient contraires. Pour lui ôter cette ressource, le parti prussien proposa aux états de se lier par une confédération générale. Dans les diètes de cette espèce il n'y a plus de *veto*, et tout se décide à la pluralité des voix. Cette proposition eut d'autant moins de peine à passer, que le roi lui même n'osa pas s'y opposer ; il signa le premier l'acte de confédération qui lui laissoit toujours la ressource de gagner la majorité par ses moyens ordinaires. L'accueil fait à la déclaration du roi de Prusse, ci-dessus mentionnée, lui présagea de grandes difficultés dans la réussite de ses projets, et les orages qu'il eut à soutenir dans les premiers mois de cette célèbre diète ébranlèrent beaucoup un courage

peu accoutumé à une résistance aussi décidée.

Cependant les succès de la guerre ne ré-
pondoient pas , à beaucoup près , aux espé-
rences des deux cours impériales. Le sys-
tême du fameux cordon autrichien , proposé
par M. Lasci , auroit mis la cour de Vienne
à deux doigts de sa perte , si elle eût eu
à faire à des ennemis mieux dirigés que les
Turcs. Tout étant soumis en Pologne au
calcul de l'évènement , on crut la Russie
perdue , et ces mêmes hommes qui trois
mois avant alloient *baiser la main de son
ministre* , le comte Stackelberg (1) , s'ap-

---

(1) Si l'on veut avoir une idée de la manière d'être
du comte Stackelberg en Pologne, il suffira de savoir
que les juges dans les tribunaux n'osoient pas signer
un arrêt un peu important sans le lui avoir préalablement présenté. La façon dont il se conduisoit avec le
roi est encore digne de remarque. Lorsqu'il se trouvoit
chez sa majesté , il passoit sans façon devant le fauteuil
de ce prince , et se plaçoit devant lui le dos tourné
contre le feu , et son habit retroussé.

Un jour le roi , arrivant chez le ministre Russe, le
trouva occupé à tailler un pharaon ; le comte, sans se
lever , se contenta de faire au roi une légère inclination
de tête , et lui montrant avec la main un fauteuil : *sire ,*

pliquèrent à lui faire autant d'avanies qu'ils
avoient fait autrefois de bassesses pour mériter sa protection. Le comte Stackelberg ne
pouvant plus influer avec fruit dans les
affaires, ni guider le roi dans la conduite
qu'il avoit à tenir, ce prince, qui n'est pas
plus Russe en effet que Prussien et que
toute autre chose, se trouva abandonné à
lui-même, et livré aux fluctuations des
ciconstances.

Jusqu'ici la Prusse n'avoit que balancé le
crédit russe en Pologne ; il falloit l'anéantir ; la guerre offroit une occasion précieuse,
on en profita. On commença par souffler à

---

dit-il, *je vous prie de vous asseoir*, et il continua sa
partie. Beaucoup de gens ont blâmé le comte Stackelberg de s'être ainsi conduit ; sans doute il avoit tort
depuis que les Autrichiens étoient battus ; mais
les Polonois méritoient d'être ainsi humiliés, puisqu'ils le souffroient depuis vingt-cinq ans. Le pré-
décesseur du comte Stackelberg (le prince Repnin)
les traitoit encore beaucoup plus mal ; il les faisoit,
dit-on, mettre aux fers lorsqu'ils lui raisonnoient ; c'est
ce qui a fait dire à Frédéric II, dans ses œuvres pos-
thumes, que les Russes gouvernoient la Pologne par
leurs ambassadeurs, comme les Romains gouvernoient
autrefois les provinces conquises par leurs préteurs.

la diète que la dignité de la Sérénissime
république étoit blessée ; que sa souveraineté
étoit offensée par le séjour des détachemens
russes en Pologne ; et voilà que l'on fait
voyager des notes, des réponses ; on prie
le roi de Prusse d'intercéder à la cour de
Pétersbourg pour obtenir l'évacuation du
territoire de la république ; le roi de Prusse
intercède : on répond d'une manière satis-
faisante, mais sous différens prétextes on obtient des délais ; enfin, le moment arrive où
les Russes, n'ayant plus besoin en Pologne,
évacuent ce territoire devenu si délicat sur
ses droits. L'ambassadeur Russe fait bien valoir le sacifice que l'on fait à l'amour de la
paix ; on remercie le roi de Prusse de ses
généreux secours, et le brave Polonois dit
à part soi :

Je suis donc un foudre de guerre.

Cette négociation n'avoit duré que sept
mois.

Déjà le conseil permanent étoit détruit ;
déjà la constitution de 1776, garantie par
l'impératrice, étoit entamée (1) ; déjà l'on

____

(1) Ce n'est pas ici le lieu de discuter jusqu'à quel
point la garantie de l'impératrice de Russie lioit la Po-

s'étoit accoutumé à regarder le roi de Prusse comme le sauveur de la république ; il ne restoit plus à ce prince, pour consommer le grand ouvrage de la régénération polonoise, qu'à faire passer une nouvelle forme de gouvernement.

Un vent du nord avoit soufflé en Pologne la constitution de 76 ; un vent sud-ouest y

---

logne ; l'expérience, d'accord en ce point avec la raison, démontre assez combien sont ridicules ces entraves diplomatiques que le fort emploie contre le foible ; mais il est une vérité facile à démontrer, c'est que si jamais la Pologne a eu une forme de gouvernement, c'est celle qu'elle tenoit de la Russie. La constitution de 1776 étoit sans doute extrêmement vicieuse ; mais pour la changer il falloit en proposer une meilleure, et pour cela il ne falloit pas se laisser aller à l'impulsion des plus viles considérations, il ne falloit pas se piquer comme des enfans contre la Russie, et se jeter entre les bras d'un autre parce qu'il vantoit *la dignité de sa politique.* Au lieu de chercher dans son caractère des moyens contre l'oppression, on s'est demandé puérilement quel droit avoit eu l'impératrice de donner à la Pologne un gouvernement. Elle les avoit tous ; car elle avoit celui des grands princes :

> Celui qu'un esprit vaste et ferme en ses desseins
> A sur l'esprit grossier des vulgaires humains.
>
> VOLT. MAHOM.

apporte en 89 les matériaux d'une nouvelle constitution. Si ces matériaux n'ont pas tous été mis en œuvre, il faut en accuser la mal-adresse de la Prusse, qui, trop pressée de receuillir le fruit de sa protection, ma-nifesta sur les villes de Dantzig et Thorn des vues qui ouvrirent les yeux aux uns et déconcertèrent les autres.

Le jeudi 7 septembre 1789, jour de l'anni-versaire de l'élection du roi, le maréchal de la diète prétendit que cet anniversaire lui fournissoit une idée, et cette idée étoit de proposer aux états d'établir une députa-tion qui seroit chargée de travailler à un sys-tême de meilleure administration. Il proposa de suite à sa majesté de nommer les mem-bres qui composeroient cette députation.

M. Severin Potocki appuya cette motion dans un long compliment qu'il fit au roi; le roi, après avoir rendu le compliment (1),

____

(1) Jean-Jacques Rousseau, dans son rêve sur la Po-logne, a témoigné le desir que les complimens que l'on fait au roi dans les diètes fussent supprimés; Rous-seau ne réformoit que la moitié du mal. Il se fait peu de motions dans lesquelles on n'insère un éloge du roi ; de son côté, le roi, qui sait vivre, n'oublie guère de renvoyer l'encens à celui qui lui en a distribué ; les

nomma les membres de la députation de-
sirée.

Une chose très-digne de remarque , c'est
que depuis l'ouverture de la diète , en septembre 88, jusqu'à l'époque de la prétendue
révolution , en mai 91 , c'est-à-dire , dans l'espace de près de trois ans , les états assemblés
en diète de confédération ne s'occupèrent
que des objets relatifs à l'armée , aux finances
et à la justice ; et qu'après tant de séances et
de débats , l'armée , les finances et la justice
sont encore au même point de désordre et
d'anarchie où les états les ont trouvés.
(*Voyez les notes , à la fin de l'ouvrage.*)

Dès l'ouverture de la diète on décréta
une armée de cent mille hommes ; le 22

---

trois-quarts et demi des éloges que l'on se donne de
part et d'autre ressemblent à de sanglantes épigrammes,
tant ils sont outrés et ridicules. Si le prince Sapieha
arrive à la diète encore ivre de la veille , *c'est le vertueux maréchal de la confédération de Lithuanie* ; si quelque nonce ignare propose un plan bien sot , bien ridicule, *c'est le digne nonce qui vient de parler* ; on n'entend
à tout moment que ces mots, *digne nonce , vertueux
nonce , nonce éclairé , vertueux maréchal.* Le malheur est
que , quelques membres exceptés , ces messieurs ne
sont ainsi désignés que là et dans le mercure de France.

juin 1789, on observa à la diète que l'armée se montoit déjà à 48 mille hommes, et qu'incessamment elle seroit portée à 60. Eh bien ! cette armée que l'on prétendoit forte de 48 mille hommes en 89 n'est pas encore de 30 mille en 92. Les gazettes ont publié avec emphase, dans le temps, les énormes sacrifices, les contributions patriotiques, les souscriptions volontaires, et les dons civiques qui se faisoient à l'envie et dans toutes les parties de l'empire (1). Eh bien ! tout ce zèle, tout ce feu n'a pas suffi pour établir solidement les fonds nécessaires à l'entretien de 30 mille hommes. Les sacrifices utiles étant trop coûteux, c'est par des niaiseries que brilla le patriotisme Sarmate. Jean-Jacques avoit dit qu'il *regardoit comme un bonheur que les Polonois eussent un habit différent des autres peu*

----

(1) M. le comte Potocki, général d'artillerie, avoit fait graver sur les canons dont il fit présent à la république :

Bello nunquam civili.

Il ne prévoyoit pas alors que la corruption de ses confrères le forceroit à se mettre à la tête des mécontens.

ples

ples de l'Europe ; et voilà les magnats polonois qui quittent l'habit Européen, qui se
tondent, et se bichonnent à la mode de
1400 ; on leur demande de l'argent pour
payer les troupes, et ils donnent leurs che-
veux ; l'amour sacré de la liberté, l'horreur
de l'oppression, qui chez tous les peuples
enfantent des miracles, ne réussissent en
Pologne qu'à faire repousser quelques sales
moustaches !

Cependant une grande révolution s'étoit
opérée en France ; cette belle nation, depuis long-temps l'exemple et le modèle de
toutes les autres, devoit présenter à la terre
un nouveau genre d'émulation. Elle avoit
reconquis ses droits naturels ; et la renom-
mée, les droits de l'homme à la main,
publioit chez les peuples les plus abrutis
le triomphe et la gloire des François. Il
étoit impossible que dans un gouvernement
tel que l'étoit alors celui de Pologne, l'espèce
de liberté dont jouissoient encore les individus ne les portât à réfléchir sur leurs droits et
sur leur position ; en vain les plus despotes
des hommes, les Polonois, exagérèrent-ils les
malheurs qui suivirent notre généreuse en-

D

treprise (1). Il est tel sentiment que l'on n'étouffe jamais lorsqu'il s'est une fois développé.

Les bourgeois de Pologne présentèrent à la diète le mémoire suivant :

SIRE, illustres états confédérés,

Quand la Pologne entière se félicite de voir toutes les opérations de la diète présente tendre directement au bonheur de la patrie, les citoyens des villes libres de la Pologne et du grand duché de Lithuanie sentent que c'est enfin en ce moment qu'ils

---

(1) Je ne sais pas qui a pu persuader en France que les Polonois sont nos amis, et qu'ils approuvent notre révolution ; il est peu de pays où la sottise et l'orgueil se soient déchaînés contre nous avec plus d'acharnement qu'en Pologne. Quelques nonces, à la vérité, se sont expliqués en notre faveur ; mais la plupart de ces nonces sont aujourd'hui les mécontens Polonois ; leur opinion a toujours été accueillie avec défaveur, tandis que ceux qui nous étoient contraires étoient sûrs d'une approbation générale. Le roi lui-même poussa un jour l'impudeur et l'oubli de tous les égards jusqu'à appeler, en pleine séance, les François un peuple d'*antropophages* ; tout ceci ne peut étonner que ceux qui n'auront pas comparé les principes sur lesquels posent les constitutions de France et de Pologne.

peuvent recouvrer leurs droits. Pleins de confiance en votre sagesse, ils nous ont choisis, Sire et Illustres états, pour les représenter auprès de vous, et vous exposer leurs demandes, fondées sur les loix et la justice. Jaloux de remplir une fonction si importante, nous, délégués de toutes les villes de Pologne, c'est avec respect que nous nous empressons de vous les exposer, et de vous témoigner leur desir de concourir au bien général et à la félicité des états de la république.

Le siècle de la vérité et de la justice est arrivé. Il nous presse de nous exprimer dignement. Il nous inspire, Sire et Illustres états, des témoignages de dévouement à la patrie; il nous donne le courage d'invoquer les loix qui garantissent l'état et la liberté des citoyens des villes, qui leur donnent le droit de posséder des propriétés foncières; loix consacrées par des siècles de jouissance, loix sages, loix précieuses, non-seulement à eux-mêmes, mais à l'état entier. Pleins de confiance en vos lumières, en votre équité, nous sommes intimément persuadés que vous n'hésiterez pas de rendre, de confirmer ce que la loi naturelle accorde à chaque individu, et ce que, dans les temps de la gloire et de la prospérité de la Pologne , vos ancêtres ont confirmé par des constitutions les plus anciennes et les plus sacrées. Convaincus de la légitimité de nos droits (et peut-il en exister de plus forts que ceux qui sont fondés sur la justice naturelle, sur des siècles de garantie) , c'est à votre justice que nous les soumettons. Nous exposerons sous vos yeux les constitutions de vos ancêtres qui garantissent notre état civil ; nous les invoquerons encore , ces loix oubliées depuis deux siècles , dont la désuétude a produit les plus grands maux. La ruine des villes , l'appauvrissement des provinces , la destruction du commerce , des décombres et des ruines où existoient autrefois des cités riches et florissantes , voilà le triste effet de l'abaissement de l'état des bourgeois et de l'inexécution des loix , qui , sous vos ancêtres , concourroient à la richesse et à la puissance de l'état.

Quand la Pologne n'intéressoit que par ses malheurs, l'état bourgeois, qui en a éprouvé les plus cruelles atteintes ; a cependant attendu, sans se plaindre, ce moment fortuné où la patrie a recouvré sa liberté première, où elle s'est soustraite à la dépendance étrangère, où l'état entier a été rendu à lui-même. Un concours de circonstances, et sur-tout l'amitié généreuse du vertueux et puissant *Guillaume*, votre zèle, Sire et Illustres états, votre fermeté nous font déjà éprouver les heureux effets d'un espoir si long-temps conservé. Quand un nouvel ordre de choses semble promettre à la Pologne le retour de son ancienne splendeur, garderions-nous le silence, n'invoquerions-nous pas les loix antiques faites en notre faveur et notre liberté primitive, si essentiellement liées, et si nécessaires à sa prospérité? Maintenant que la Pologne s'élève sur ses ruines, héritier du zèle de vos ancêtres, vous le serez de leur justice ; leurs travaux vous serviront de modèle, et les siècles à venir vous répèteront encore avec éloge vos sages décisions. Le rétablissement des loix que vous vous empresserez de rendre immuables sera aussi important à l'état que leur inexécution lui avoit été funeste. Cette inexécution pourroit-elle légitimer la situation malheureuse dont nous nous plaignons devant les illustres états assemblés? Pourroit-elle anéantir des loix fondées sur les principes de la nature, et garanties par le gouvernement ? Nous sommes intimément convaincus, Sire et Illustres états, que nos droits ne peuvent avoir de plus puissans protecteurs. Une oppression constante pendant deux siècles ne peut qu'inspirer aux ames vertueuses le desir d'une prompte fin, avec d'autant plus de raison qu'elle affecte une grande partie de la nation, et qu'ainsi l'état entier en ressent l'atteinte.

Unis aux autres citoyens, et par les loix les plus solemnelles, et par leur attachement à la patrie, les bourgeois des villes s'adressent avec la plus grande confiance aux illustres états assemblés. Réduits à la plus extrême détresse, si pendant long-temps ils n'ont pu rendre aucun service à la patrie, jamais du moins ils n'ont cherché à lui nuire. Ils n'ont jamais ajouté de dissensions à celles qui l'ont agitée. Des provinces peuplées, riches, industrieuses et agricoles ont été démembrées ; la Pologne a perdu plusieurs millions de bons citoyens et plusieurs villes de manufacture et de commerce ; et avec elles les bourgeois polonois ont aussi perdu leur fortune et leur état. Quand pour eux le malheur a été à son comble, ils ont eu au moins la consolation de penser que les malheurs de la patrie n'ont jamais été leur ouvrage. Puisque le gouvernement polonois se régénère, puisque la patrie est dans une situation plus heureuse, ils n'espèrent, ils ne demandent que ce qui, dans le temps des plus grandes calamités, étoit l'unique objet de leurs souhaits : la concorde, l'union, la puissance et le maintien des loix. Ils s'honorent de former ces vœux devant vous, Sire et Illustres états ; ils vous demandent pour toute grace de les rendre utiles à la patrie, de leur donner la faculté de la servir, de leur restituer leurs anciens privilèges ; et en se pénétrant de votre zèle, de pouvoir offrir leur fortune et leur vie pour le maintien des loix et de la liberté.

Illustre état équestre, à Dieu ne plaise que nous nous éloignons jamais du respect et de la vénération qui vous sont dus. Nous sommes trop convaincus que dans tous les temps vous serez la gloire et le soutien de la nation polonoise, les héritiers de la vertu et du courage de vos ancêtres ; que pour les grandes actions vous servirez toujours aux citoyens et d'encouragement et de modèle. Plus ces sentimens sont gravés dans nos cœurs, plus nous nous faisons gloire de les avouer. Puisque toutes vos opérations sont étayées sur la justice, pourrions-nous croire que vous puissiez hésiter de tirer la bourgeoisie polonoise de l'état d'avilissement où elle est réduite, de lui assurer l'exécution de ces anciennes loix qui lui donnoient avec vous entrée à la législation ; qui la plaçoient sous vos drapeaux pour la défense de la patrie ; qui ne leur assuroient que des prérogatives équitables, et qu'aucune société ne peut refuser ? Elle vous doit cette reconnoissance, cet attachement indissoluble pour la gloire du gouvernement, qui, une fois gravés dans les cœurs de tous les citoyens, sont la force et la sureté de l'état.

L'amour de la patrie, l'attachement à la nation, l'esprit d'union qui règne parmi nous, la pureté de nos intentions bien capables de calmer nos inquiétudes, si nous pouvions en avoir, nous donnent le courage de vous exposer, Illustres états, cette grande vérité, que tous les habitans d'un pays libre doivent mutuellement révérer et défendre la sagesse des loix anciennes, les gages sacrés de la concorde qui doit régner dans une nation, ces remparts formidables que vos prédécesseurs ont élevés contre le joug étranger. Vos sages ancêtres avoient bien senti que pour les esclaves la patrie est une marâtre ; que l'esclave est l'ennemi né de son despote ; qu'à celui qui gémit sous le joug il est bien indifférent qu'un seul homme ou plusieurs le gouvernent. Convaincus de cette vérité si importante, ils avoient accordé au peuple nombreux qui formoit les villes des privilèges qui leur donnoient un rang dans la société et une influence dans le gouvernement ; ces avantages si essentiels pour le bonheur et la liberté du peuple attestent la sagesse, la prudence et la justice de ces anciens législateurs.

Nous soumettons à vos lumières et à votre vertu ces droits dont nous jouissions autrefois. L'Europe entière verra la justice de nos démarches, elle applaudira à la confiance que nous donnent votre intégrité et votre zèle pour le bien public ; elle l'attribuera à la douceur de caractère dont la nature a doué le Polonois , et aux lumières du siècle, qui ne peuvent se répandre et se propager qu'au sein de la liberté.

Les révolutions étrangères ont retenti à

nos oreilles ; mais nous conservons l'entière
fidélité que nous avons vouée à la sérénissime
république , et nous promettons la lui garder éternellement. L'esclave rompt ses fers
dans les régions où le despotisme étouffe
tous les droits de l'homme et du citoyen ;
mais en Pologne, où le roi, père de la patrie,
avant de se charger du pénible fardeau de
la couronne, avoit joui, comme citoyen ,
de tous les avantages de la liberté ; en Pologne, où le très-illustre sénat et l'ordre
équestre en sont les vrais gardiens , où ils
en développent si lumineusement l'esprit ;
tous, suivant l'impulsion de leur cœur, sont
intimément convaincus que la liberté est
naturelle à l'homme ; que ses principes sont
sacrés ; que les loix dont elle est la base ,
et que le temps a détruit , doivent être ré-
tablies ; qu'il faut donner une nouvelle activité à celles qui sont affoiblies : en un mot,
élever de ses propres ruines et sur ses anciens fondemens le vaste édifice d'un gouvernement libre.

Bien loin de chercher à taire des sentimens si conformes au bien public, au droit
de l'humanité et à la vraie liberté , nous
nous faisons gloire de les rendre publics.

La pureté de nos intentions, notre attachement à la vérité, pourroient-ils encourir votre blâme, Sire et Illustres états? Les bourgeois, unis par les mêmes intérêts, se présentent au pied de votre trône, Sire, devant vous, Illustre sénat et Illustre état équestre, non avec quelques simples prérogatives d'une ou de plusieurs villes, mais ayant la vérité pour guide, mais portant les réclamations des droits de l'humanité et des anciennes loix que la nation polonoise à garanties à tous les citoyens.

Nous demandons donc, au nom des citoyens nombreux des villes libres, que dans la république chaque individu soit assuré comme homme, de ses biens et de sa personne; que comme citoyen, et d'après la constitution Polonoise, chaque bourgeois soit membre de la patrie; que la république soit composée de toutes les classes de citoyens libres, sous un même chef qui est le roi. C'est sur les bases des loix naturelles et nationales que les villes de Pologne ont fondé leur réunion : c'est par une conformité d'intérêt avec les autres citoyens qu'ils ont élu des députés, non pour fomenter le trouble, mais uniquement pour vous exposer,

Sire et Illustres états , leur situation et leurs besoins , qui sont ceux de la patrie.

Sire , ou plutôt pere du peuple , daignez vous rappeler vos sermens et nos privilèges , et vous ne pourrez vous refuser à nos prières. Si pendant si long-temps plusieurs millions de citoyens ont été opprimés par les préjugés et l'ignorance , que la vérité et les lumières du siècle leur rendent enfin la justice ; qu'elles leur amènent ces jours d'allégresse qui illustreront votre règne , et qui dans les fastes de l'humanité seront l'exemple des rois.

Illustre état équestre , vous à qui nous sommes unis par tant de liens ; vous pour qui la liberté est un élément ; vous dont les privilèges se trouvent à côté des nôtres dans le livre des constitutions , considérez les nombreux citoyens qui séjournent dans les villes ; voyez en eux des hommes qui desirent avec vous concourir à la défense de la liberté ; veuillez la leur rendre , cette liberté sainte, en les rappelant à leurs droits; à la gloire de si bien conserver la vôtre , ajoutez celle de révérer et défendre celle d'autrui. Quand le dix-huitième siècle , en étendant le règne de la vérité , prépare une heureuse révolution sur une partie du globe, en rendant aux hommes toute l'étendue de leurs droits, soyez, Illustres états, le modèle des autres nations et l'amour de tous les citoyens malheureux amoncelés dans les villes de la Pologne.

. Interprêtes de Dieu et de la vérité, *saint état ecclésiastique*, c'est ici l'occasion de remplir ce que l'évangile (cette pure et sainte doctrine du sauveur du monde) exige de vous. Instituteurs du peuple, vous qui êtes obligés de le tirer de l'esclavage et des ténèbres, voici le moment de montrer au monde que vous êtes les défenseurs des droits des hommes, pour lesquels notre saint législateur et sauveur n'a pas hésité de verser son sang et de donner sa vie. L'évangile, le guide sûr de nos consciences, nous fait un devoir d'en appeler à vous. Soyez donc les défenseurs et les gardiens des hommes, égaux en J. C., égaux aux yeux du créateur, devant qui toutes les grandeurs du monde disparoissent, et où la vérité seule demeure. Si vous voulez que le peuple vénère toujours votre vocation, qu'il respecte vos avantages, soyez les défenseurs des droits de l'humanité, du salut

du pays et des privilèges d'une classe
d'hommes avilis.

Illustres états, voulez-vous prendre toutes
ces choses en considération? Ce ne sont
pas de vaines paroles arrachées par la vertu
à la foiblesse ; nous jurons devant Dieu et
la patrie, devant vous, Sire et Illustres états,
que nos démarches ont été entreprises avec
prudence, avec précaution ; que la république n'a à redouter aucun effet funeste
de l'attachement de son peuple, et qu'il
est bien loin de souffrir patiemment que
les malheurs se répandent dans le pays.
Quand nous soumettons ces prières à la
justice d'un roi et à la magnanimité de
l'Illustre état équestre, c'est que nous en
espérons protection et appui ; et nous seroit-
il possible de croire un instant que des
privilèges érigés dans les temps de la liberté
de la Pologne ; que des privilèges qui ont
prospéré avec sa puissance puissent encourir leur improbation ? Une fierté déplacée,
une crainte pusillanime ne caractérisent
point nos demandes. C'est dans votre sein,
Illustres états, que nous nous empressons
de déposer la sûreté de nos personnes et
de nos biens. Notre bonne foi, notre sin-

cérité ne peuvent craindre aucune atteinte de votre pouvoir suprême, qui doit également protéger les droits de chaque citoyen. Demandons-nous autre chose que le recouvrement des prérogatives que la patrie assure à tous ceux qui sont nés dans son sein ; que la tranquillité et le bonheur de plusieurs millions de citoyens ; que la gloire et l'avantage de l'Illustre état équestre ? De-là naîtront l'abondance, compagne d'une douce liberté, le rétablissement et la prospérité des villes, dans les ruines desquelles ont habité jusqu'à ce jour la misère à côté de l'oppression. Le commerce amélioré, les manufactures florissantes aviveront l'agriculture, et la terre fertile de la Pologne, cette terre nourricière d'hommes libres, vous paiera avec usure le partage de liberté que vous devez même à la seule justice. C'est ainsi que l'intérêt d'un pays est celui de tous les citoyens ; c'est ainsi que les loix et la liberté pour chaque individu sont unis à l'intérêt général de chaque gouvernement; c'est ainsi, Illustres états, qu'en rétablissant les prérogatives de la bourgeoisie polonoise, vous ferez un acte de justice et vous contribuerez à l'avantage de vos possessions. Ainsi vous aurez l'abondance : la terre vous devra sa richesse ; la Pologne sa puissance : nous vous devrons notre bonheur, et vous aurez en récompense l'applaudissement de l'Europe entière, et la reconnoissance de la postérité la plus reculée.

Daignez agréer le contenu de nos demandes.

Dans d'autres circonstances, un pareil mémoire auroit infiniment embarrassé les états ; ils se seroient trouvés dans l'alternative désagréable de faire droit sur les justes réclamations des bourgeois, ou d'avouer que cet amour de la justice qu'ils ont sans cesse à la bouche n'étoit que grimace. Dans ce moment sur-tout où le génie de la liberté sembloit vouloir étendre ses ailes sur une grande partie du globe, un refus précis eût pu entraîner de fâcheuses conséquences ; on avoit d'ailleurs besoin des bourgeois pour la réussite des projets que l'on méditoit : en conséquence, on ne songea qu'à tirer parti d'eux au meilleur marché possible. On leur accorda peu, pour ne pas dire rien,

rien, mais on les carressa beaucoup, et on parvint presque à leur persuader qu'on avoit fait pour eux plus qu'ils n'avoient demandé; un grand nombre d'entr'eux sentent fort bien aujourd'hui qu'on s'est moqué d'eux, mais il est beaucoup de personnes en France qui imaginent que la bourgeoisie polonoise est à présent sur un pied très-respectable. Un coup-d'œil rapide sur cette bourgeoisie leur fera voir jusqu'à quel point leur opinion est fondée.

Ce que l'on appelle bourgeoisie en Pologne se réduit à-peu-près aux marchands de Varsovie et de Cracovie; car dans tout ce qu'il plaît aux Polonois d'appeller *villes*, on ne rencontre guère que des Juifs, quelques marchands Grecs, Arméniens, Italiens, François et Allemands. Tous ces gens, qui se font recevoir bourgeois dans les petites villes polonoises, bien loin d'être des citoyens, sont au contraire le fléau de la Pologne. Bien loin d'être réunis par un intérêt commun, ils sentent que tous leurs intérêts se croisent et s'entrechoquent; leur but à tous est de faire une petite fortune aux dépens des Polonois et de la porter dans leur partrie; tous les moyens leur sont bons, pourvu qu'ils y

E

arrivent : prétendre faire des citoyens utiles d'hommes aussi divisés par leurs intérêts, leurs mœurs, leurs usages et même leur langue ; entreprendre de les faire renoncer à leur pays, c'est entreprendre l'impossible: la difficulté d'y réussir se fera encore mieux sentir en appréciant les avantages qui résultent pour eux de la loi tant vantée qui les concerne. Nous allons en parcourir les principaux articles.

D'abord, *on reconnoît libres toutes les villes royales dans les états de la république !*

Tous les marchands étrangers dont nous avons parlé, et qui composent les deux tiers de la bourgeoisie polonoise, étoient déjà libres comme étrangers ; les juifs polonois étoient libres, les bourgeois de Varsovie, de Cracovie, de Posnanie, etc. étoient libres ; ceux des villes appartenantes aux seigneurs polonois étoient esclaves, mais ils le sont encore. Cette liberté dont on fait ici parade n'a donc été un bienfait que pour un très-petit nombre d'individus qui se trouvoient çà et là dans quelques villes royales ; ainsi, déclarer les villes royales libres, étoit plutôt un outrage fait à la grande majorité des bourgeois qu'un véritable bienfait; mais on voyoit les esprits échauffés : la liberté, ce mot si indéfini pour les neuf dixièmes de l'espèce humaine, les tourmentoit; on a senti qu'en employant le mot *liberté*, on en flatteroit un grand nombre, et on les a déclarés libres.

De tous les privilèges dont la loi fait une très-longue énumération, les uns sont des niaiseries qui ne méritent pas la moindre attention ; les autres sont d'anciens privilèges dont ils avoient toujours joúi ou dû jouir, et ne sont rapportés dans la loi que pour faire masse et en imposer davantage par ces marques ridicules de la générosité des états.

On a fait sonner bien haut la noblesse que l'on a accordée aux principaux d'entre les bourgeois, et l'espérance laissée aux autres d'être un jour ennoblis ; mais outre que les sommes que l'on tire des bourgeois pour cette prétendue grace la paient plus qu'elle ne vaut, cette même grace, qui flatte quelques individus, est un véritable malheur pour la bourgeoisie en général ; car, ôter de la classe des bourgeois les principaux citoyens, ceux dont le crédit auroit pu en imposer, c'est le moyen le plus sûr que l'on ait pu imaginer pour tenir le reste dans l'avilissement et la servitude.

Lorsqu'il s'est agi de faire passer la nouvelle constitution, et de la faire desirer aux bourgeois, messieurs de l'ordre équestre ont eu recours à un autre moyen qui leur a parfaitement réussi ; les principaux d'entr'eux se sont fait recevoir bourgeois ; les *Nicaises* de la bourgeoisie n'ont vu en cela qu'une marque éclatante de considération ; ils ne se sont pas même douté que ces messieurs ne se plaçoient-là pour un moment qu'afin de tourner comme ils voudroient les esprits de cette classe d'hommes qui leur seront d'autant plus dévoués qu'ils verront dans leurs nouveaux confrères des protecteurs intéressés à les défendre ; tant est vrai ce qu'a dit quelqu'un : *que dans le vaste champ de l'intrigue il faut tout cultiver, jusqu'à la vanité d'un sot.*

Toutes ces observations, dira quelqu'un, tombent d'elles-mêmes, puisque d'après la nouvelle loi concernant les bourgeois polonois, ceux-ci seront représentés dans les états, et qu'ils y pourront défendre leurs intérêts.

Il est bien vrai que les bourgeois seront

représentés à la diète ; mais la manière dont ils le seront n'est pas indigne de remarques.

1°. Toute la bourgeoisie de Pologne sera représentée par vingt-quatre membres.

2°. Les bourgeois se font et se feront très-souvent représenter par des gentilshommes. Ceci est absolument à leur choix ; mais comme ils mettent de la vanité à le faire, cet abus durera plus long-temps que n'auroit fait une loi qui les y auroit contraints.

3°. Les bourgeois ou leurs représentans admis dans la diète ont bien le droit de demander la parole et d'exprimer le vœu de leurs commettans ; mais cela une fois fait, toute discussion leur est interdite, et ils ne peuvent prendre aucune part active dans les délibérations.

Quand on fermeroit les yeux sur le petit nombre de représentans de la bourgeoisie polonoise, d'après l'article qui leur interdit la discussion et la part aux délibérations, il est bien clair que ces prétendus représentans ne sont, sous une autre dénomination, que de très-humbles pétitionnaires que l'on écoutera ou que l'on n'écoutera pas si l'on veut ; or, ce droit de pétition, le seul qu'ils aient en effet, ils l'avoient

avant cette belle et dernière loi ; ils n'ont
donc gagné que la permanence et le nom
de *représentans*.

On objectera peut - être encore que des
membres de ces représentans seront admis
dans les différentes commissions , et parti-
ciperont conséquemmment au pouvoir exécutif ; quand j'aurai répondu qu'ils n'auront
voix que dans les matières qui concerne-
ront la bourgeoisie , et qu'ils n'auront jamais voix active dans les autres cas , je
laisserai à juger si les Polonois en imposent
en prétendant qu'ils ont admis la bourgeoisie aux honneurs de la législation , et
si jamais le charlatanisme et la jonglerie
ont été mieux caractérisés qu'ils nè le sont
par les dispositions de cette loi.

Si l'on a bien pesé ce qui précède , de
plus longs détails sur l'état actuel de la
bourgeoisie sont inutiles. Les Polonois disent
qu'en ouvrant à toute la bourgeoisie l'entrée
à la noblesse , ils ont fait la même opération que celle qui a détruit la noblesse en
France ; il est bien vrai que quand tout le
monde est noble , il n'y a pas plus de noblesse que lorsque personne ne l'est ; ces deux
opérations sont cependant bien différentes ,

l'une est dictée par la saine philosophie et par la raison, l'autre est une marche rétro-grade vers la crasse de l'ancienne barbarie. Il faut observer que lorsque les Polonois disent qu'à la fin tout le monde sera noble, ils parlent de la bourgeoisie et de la noblese. Les voyageurs ont observé en traversant la Pologne un grand nombre d'animaux, ayant comme les Polonois deux pieds et deux mains, sans plumes; il ne leur manque pour paroître de vrais Polonois que de la paresse, de l'insolence et un sabre. Travaillant, la-bourant et receuillant pour leurs maîtres, ces utiles troupeaux sont désignés sous le nom de *paysans polonois*. Cette classe paroît vouée pour l'éternité au travail et à la douleur; mas-sacrés, martyrisés, écrasés pour les moin-dres fautes; ils voient, pour les moindres fautes, leurs femmes, leurs enfans livrés à de misérables bourreaux qui les déchirent à leurs yeux. Aucunes de ces douceurs qui par-tout ailleurs viennent adoucir les amertumes de la vie n'approche de leurs cabanes; leur vie est une longue mort, une éternelle agonie (1). De pareils hommes ne

____

(1.) Je n'ai jamais vu rire un paysan polonois. Lors-qu'on les rencontre sur les routes, ils font face aux

font pas de réclamations aux états ; aussi ne s'est-on jamais occupé d'eux. Si l'on a inséré dans la nouvelle constitution un article qui les concerne, on a plutôt voulu donner à l'Europe l'espérance de voir améliorer leur sort, que songé à l'améliorer en effet (Voyez dans l'examen de la constitution la note qui suit leur article). L'ignorance et la stupidité de ces malheureux est ce qui rassure les gentilshommes contre toute entreprise de leur part, et la certitude que leurs plaintes seront rejetées si, par le plus grand des hasards, elles parvenoient aux tribunaux, les enhardit à tout oser (1).

___

passans, et leur disent, en baissant les yeux : *nieck bendzie pokwalani iesous christous : que Jesus-Christ soit loué.* Plus je considère les paysans polonois, moins je conçois de quoi ils peuvent remercier Dieu.

(1) Casimir-le-Grand, surnommé le père des paysans, a vainement essayé d'adoucir leur sort . il n'a rien obtenu de cette noblesse impérieuse et inhumaine. Lorsque quelques paysans venoient se plaindre à lui de leurs seigneurs , il leur répondoit : *je ne puis rien faire pour vous , mais n'avez-vous ni bâtons ni pierres dans vos campagnes ?* Ce grand prince sentoit bien que lorsque la société ne peut pas donner aux individus qui la composent la protection qu'ils ont droit d'en attendre, elle leur rend tous leurs droits naturels.

Les Juifs font encore une partie très-importante de la population de la Pologne; ils rongent le pays et en sont le fléau véritable; ils tuent le commerce et découragent le peu d'honnêtes négocians qui voudroient le faire refleurir. Pour en faire des citoyens utiles, il suffiroit d'être juste avec eux et de les reconnoître pour des hommes; mais si on leur en accordoit les droits, beaucoup de particuliers puissans en souffriroient; car ces misérables, par leur sordide économie, ayant toujours quelque somme en leur disposition, c'est une ressource toujours prête pour ceux qui ont entre les mains quelques moyens de les vexer. Ils leur font acheter la paix au poids de l'or; et ceux-ci, pour réparer cette perte, sont excités à de nouvelles fripponneries, et tourmentent en tous sens leur avide industrie. Si on leur permettoit d'acheter des terres, ou du moins de les tenir en fermes, on en feroit sans doute d'excellens colons; mais lorsqu'il s'est agi d'en tirer parti et de les rendre un peu plus honnêtes, tout ce que les états ont trouvé de mieux dans leur sagesse a été de les forcer à couper leur barbe. Je ne sais pas si cette proposition, qui a déjà été faite et goûtée, passera en loi ; mais ce qu'il y a de bien certain (et je le tiens d'eux-mêmes), c'est que les juifs de Pologne ne donneroient pas leur barbe pour toute la probité du monde, et qu'une telle loi exciteroit beaucoup de bruit dans le pays.

On verra par l'examen de la nouvelle constitution quels changemens la prétendue révolution de Pologne a opérés dans la classe des bourgeois, des paysans et des juifs ; mais avant d'en venir là, il ne sera peut-être pas inutile de jeter un coup-d'œil sur la manière dont cette révolution a été préparée et exécutée.

On sait que le roi de Pologne tient sa couronne de la faveur de l'impératrice de Russie ; depuis ce moment ce prince, tout occupé de sa reconnoissance, avoit paru croire que l'alliance de la Russie étoit celle qui convenoit le mieux à la Pologne ; il ne changea d'avis qu'après que le crédit du comte Stackelberg eut baissé ; et c'est alors que le nombreux parti opposé à la Russie s'empara de lui, et l'entraîna dans des intérêts tout différens. Le roi eut d'abord quelque peine à se décider ; mais les nombreux dégouts qu'il prévit en restant fidèle à la Russie, et la facilité qu'on lui fit entrevoir à se créer, en changeant de parti, un pouvoir bien au-dessus de celui dont il avoit joui jusqu'alors, ne lui permirent plus de balancer.

Avant de pouvoir effectuer la coalition entre le roi et les autres conjurés, il falloit le rapprocher du maréchal de Lithuanie, le comte Potocki, qui, dédaigné màl-à-propos par la Russie, étoit devenu pour le roi un antagoniste d'autant plus redoutable, qu'à une grande connoissance de son pays il joignoit des talens peu communs parmi ses compatriotes ; cette haine que le maréchal avoit comme jurée au roi s'étoit encore accrue dans différentes occasions, et entre autres dans le procès scandaleux que le sieur Rix, premier valet-de-chambre du roi, eut à soutenir contre le prince Adam Czartorinski, pour cause d'assassinat prémédité (1).

---

(1) Ce procès, que l'on a comparé à celui du cardinal et de la dame de la Motte, ressemble plutôt à celui du renard contre le loup ; le juge, au lieu de condamner les deux partis, comme a fait le singe, les a justifiés tous deux ; ce qui revient à-peu-près au même. La dame *Ogrumof* a seule *payé l'amende*, et quoique les jurisconsultes aient coutume de ne présumer un crime

On craignoit que les dispositions du roi ne cédassent à cet obstacle ; mais en est-il contre l'ambition ? Le maréchal, devenu l'ami du roi, lui communiqua le plan d'une révolution pour laquelle il ne falloit plus que son consentement. Deux maisons puissantes trouvoient moyen d'assujétir la Pologne : et le roi, sous le nom duquel tout se faisoit, bien loin de s'y opposer, employa tout son crédit à amener dans son nouveau parti les anciens amis de la Russie. Des honneurs, des charges et des sommes immenses furent employées pour y parvenir ; avec de pareils ressources on parvient à tout dans ce pays-là. Depuis la fameuse conjuration qui mit sur le trône de Portugal

---

que dans le cas d'un intérêt quelconque du criminel supposé, on a vu, à la honte de la raison, une vieille baronne allemande qui jusqu'alors s'étoit occupée de toute autre chose que d'assassinats, condamnée à être fouettée et marquée pour un crime qui fait frémir, et dont les indices la chargeoient moins que tout autre. Je pourrois ici conter la manière dont se fit l'exécution, et la rage que le bourreau témoigna en la marquant d'un fer rouge, rage qui, problablement, contre l'attente de quelqu'un, n'aboutit qu'à estropier la malheureuse victime de tant d'infamies. J'aime mieux épargner ce tableau à la sensibilité du lecteur.

l'heureux duc de Bragance, on ne voit pas dans l'histoire d'exemple d'un secret aussi bien gardé que le fut celui des conjurés polonois ; 3oo personnes le gardèrent pendant près de quatre mois, et les ministres, qui voyoient beaucoup de mouvement et d'intrigues, ne surent à quoi s'en tenir que le jour de l'évènement.

Tout étoit savamment préparé pour que le succès répondît à l'attente des nouveaux *Catilina* ; déjà depuis long-temps on avoit mis en œuvre tous les moyens propres à inspirer de l'horreur contre la Russie. On avoit rassemblé à Varsovie tout ce que la Pologne renfermoit encore de malheureuses victimes de la barbarie de quelques officiers Russes. On ne voyoit dans les rues que des estropiés, des hommes et même des filles à qui le colonel *Drevitzc* avoit fait couper ou les bras ou les jambes. Cette vue affreuse fermoit la bouche aux meilleurs amis de la Russie ; de nombreux écrits rappeloient aux Polonois les crimes des Russes ; et un homme de lettres, homme estimable à quelques égards, mais qui ne manquoit pas une occasion de se déchaîner contre la Russie, parce qu'il étoit payé par les Turcs, M. de Peyssonnel, composa un ouvrage *du péril de la balance politique en Europe* ; ouvrage que l'on traduisit en Polonois, et qui fut abondamment répandu dans les provinces (1), où il eut un très-grand succès. Les ministres dans les cours étrangères eurent ordre d'envoyer les avis les plus allarmans sur les prétendus desseins des cours où ils résidoient ; et la cour de Varsovie reçut précisément le même jour, de Berlin, de Vienne, de Pétersbourg, la nouvelle d'un nouveau partage de la Pologne ; partage que les princes alliés devoient faire pour s'indemniser, disoit-on, de la guerre qu'ils avoient faite aux Turcs. Ces nouvelles furent répandues adroitement ; on fit aussi courir le bruit que quelques mal-intentionnés de la diète vouloient faire révoquer les privilèges accordés aux bourgeois ; mais que pour déjouer leurs projets, le roi vouloit jurer solemnellement le maintien de ces droits dans la fameuse séance du 3 mai.

---

(1) Je n'ai pas entendu dire qu'on ait répondu à cet ouvrage ; si l'on a cru qu'un homme qui ne citoit la plupart du temps que des faits ou exagérés ou mal présentés, ne méritoit pas de réponse, je crois qu'on n'a pas rendu justice à M. Peyssonnel ; il y a dans son ouvrage des remarques et des considérations qu'il importeroit de discuter.

On fit entendre aux bourgeois qu'ils feroient bien de se rendre à la diète pour être témoins d'un acte aussi authentique. On répandit de l'argent dans la populace ; et vers les onze heures du matin, au moment de l'ouverture de la séance, la salle des états, les galeries et la cour du château étoient remplies par la multitude ; rien jusqu'alors n'avoit transpiré dans le public du dessein de changer la forme du gouvernement, si ce n'est que l'on vouloit proposer de rendre le trône héréditaire : cette nouveauté seule eût suffi pour rendre l'affluence extraordinaire, quand la foule n'auroit pas été invitée à s'y trouver. Ceux d'entre les nonces sur lesquels on n'avoit pas cru pouvoir compter s'y rendirent comme les autres ; mais l'incertitude où ils se trouvoient de ce que l'on préparoit, cette foule ivre et menaçante, des canons amenés dans les cours (1), tout servoit à les intimider.

C'est dans cette disposition des esprits que

---

(1) Ces messieurs disent aujourd'hui que ces canons avoient été amenés pour les réjouissances naturelles après une aussi grande opération ; mais si le projet n'avoit pas été bien formé de forcer les honnêtes gens au si-

le maréchal de la diète onvrit la séance par
le bavardage suivant :

« Dans la vicissitude des choses de ce
» monde l'agréable est mêlé au désagréable.
» Des états puissans tombent en ruine, et
» d'autres qui étoient foibles se relèvent.
» La Pologne nous fournit un exemple frap-
» pant de cette vérité : elle étoit, il y a trois
» siècles, un état florissant et figuroit parmi
» les premières puissances de l'Europe ; vic-
» time de nos préjugés et de l'activité des
» étrangers, notre pays devint ensuite la
» proie de nos voisins, les citoyens un objet
» de mépris, et leur propriété le butin des
» étrangers.

» Dieu du ciel, éloigne de nous la ruine
» totale dont nous sommes menacés ! je
» prends à témoin les nouvelles désolantes
» parvennes à la députation des affaires
» étrangères, et dont cette magistrature va
» entretenir les états ».

M. Soltyk, nonce de Cracovie, continua
à peu-près en ces termes :

lence, comment auroit-on su s'il y auroit des réjouissances ? Comment peut-on préparer d'avance des fêtes
pour la réussite d'une chose que l'on va présenter à
l'acceptation de tant de monde ?

» La

« La nouvelle la plus allarmante vient
» d'arriver dans cette capitale, mes lèvres
» n'ont pas le courage de l'annoncer. O !
» chère patrie ! à quels malheurs es-tu ré-
» servée ! Polonois qui vous sentez animés
» de zèle pour votre patrie, accourez à son
» secours ! Vous savez, Sire, le contenu
» des nouvelles parvenues à la députation
» des affaires étrangères ; ces mêmes nou-
» velles me sont confirmées par mes amis (1),

---

(1) Il est bon de remarquer que toutes les nouvelles concernant le prétendu partage éventuel de la
Pologne étoient arrivées le même jour de Berlin, de
Vienne et de Pétersbourg, quoique venant de distances
bien différentes ; il est au moins à présumer que les
ministres Polonois avoient fait parvenir ces nouvelles du
moment où ils en avoient fait la découverte ; et cependant ce même jour plusieurs nonces reçurent les mêmes
nouvelles par leurs amis, ce qui suppose que ces nouvelles étoient déjà connues. Il faut convenir que tous
ces rapports sont bien extraordinaires ; il est aussi bien
surprenant que des parens et des amis de M. Soltik aient
appris ces nouvelles dans les cours étrangères, et que
personne autre n'en ait été informé dans ces mêmes cours.
Au reste MM. les Polonois conviennent aujourd'hui
pour la plupart que l'arrivée de ces nouvelles etoit une
petite malice dont on s'est servi pour opérer ce qu'ils
appellent *le bien*.

» et par des parens qui sont chez l'étranger ;
» tous assurent que la Pologne va subir un
» nouveau partage ; nous n'avons plus que
» ce moment pour secourir la patrie ; je de-
» mande qu'on nous lise le contenu des dé-
» pêches de nos ministres. Animés d'un nou-
» veau zèle, nous saurons prouver que la
» patrie nous est chère par-dessus tout ».

Lorsqu'il est question de lire quelques dépêches des ministres étrangers, on est dans l'usage de faire retirer les *arbitres*, c'est-à-dire, tous ceux qui ne sont point membres des états ; mais cela ne faisoit pas alors le compte des conjurés ; aussi M. Soltyk ajouta-t-il :

« Si nous avons permis au public d'assister à nos délibérations lorsqu'il s'est agi de la cession de la seule ville de Dantzic, à combien plus forte raison ne devons-nous pas lui permettre de rester, lorsqu'il est question de partager tout le pays ! Je prie, je conjure les Illustres états de permettre que tous les auditeurs soient témoins de nos délibérations.

« *Le roi :* appelé en témoignage par le *dignenonce de Cracovie*, qui vient de parler avant moi, je dois déclarer que les nouvelles arrivées à la députation intéressent tout, particulièrement la tranquillité et l'intégrité de la patrie ; je prie, en conséquence, M. le maréchal de la diète de nous les faire communiquer ».

Ici M. Suchorzewski, nonce de Kalicz, demanda long-temps la parole ; mais comme il vouloit l'avoir avant la lecture des prétendues dépêches, elle lui fut refusée ; alors il se jeta à genoux au milieu de l'assemblée, et supplia le roi de lui obtenir la permission de parler. Le roi ayant intercédé en sa faveur, ce brave Polonois, ce dernier soutien de la liberté expirante, levant les mains au ciel : « Depuis quelques jours, dit-il, il s'est répandu dans la ville un bruit effrayant ; on assure qu'on doit proposer à cette assemblée un projet qui doit porter le dernier coup à notre liberté, et que pour faire accepter ce projet on va se servir des dépêches de nos ministres qui menacent notre pays d'un nouveau partage ; on assure encore qu'il y a une conspiration formée contre la vie de ceux qui tenteroient de s'opposer à la perte de la patrie ; quant à moi, je la défendrai tant que je serai libre ; mais si mon pays doit devenir le siège du despotisme, je le rejète et me déclare son plus cruel ennemi ; car je ne porterai jamais la démence jusqu'à le défendre pour que mes concitoyens lui donnent des fers. Je sais, et je puis prouver que l'on veut animer les bourgeois contre ceux qui seroient contraires au projet que l'on va proposer ; je sais qu'on les a persuadés que nous sommes mécontens des nouveaux privilèges qu'on leur a accordés ; que nous voulons les leur ôter, et les réduire à l'état d'avilissement où ils étoient avant cette diète. Je m'apperçois que l'auditoire est presque composé de bourgeois ; je dois donc assurer ces bourgeois, mes concitoyens et mes frères, que nous sommes aussi résolus d'assurer leur bonheur que de maintenir leurs privilèges, et que quiconque entreprendroit d'y porter atteinte trouvera dans chaque Polonois un ennemi prêt à les défendre. Quand il seroit vrai que nous n'aurions pas résolu d'étendre encore ces privilèges, au moins est-il sûr que nous sommes d'autant plus éloignés de vouloir les entamer, que l'union que nous avons contractée avec les bourgeois nous rend nous-mêmes plus puissans et plus formidables.

» Je dois encore faire part aux états d'une circonstance remarquable. Je prie M. Ignace Potocki , grand maréchal de Lithuanie , et M. Stanislas Potocki , nonce de Lublin , de nous donner des détails sur un bruit qui s'est répandu dans la capitale , et qui les concerne. On assure qu'ils devoient être assassinés dans la présente séance , et que leurs épouses se sont évanouies de frayeur. Je prouverai , de mon côté , que ce bruit existe ; pour MM. Potocki , ils voudront bien déclarer quels sont ceux qui en veulent à leur vie. Quant à la lecture des dépêches , je ne m'y oppose plus , puisque c'est la volonté générale ».

M. Matusiewicz , l'un des membres de la députation des affaires étrangères , fit lecture des avis effrayans qu'il avoit reçus des ministres de la république ; il représenta que le soin de ne point compromettre ces ministres auprès des cours dans lesquelles ils résidoient ne permettoit point de donner de plus grands détails ; mais que tous s'accordoient à annoncer que la paix étoit prête à se conclure avec les Turcs , et que les trois puissances qui avoient démembré la Pologne se proposoient de se dédom-

mager des frais de la guerre en se parta-
geant ce qui en restoit ; que ces puissances
témoignoient, à n'en pas douter, qu'elles
ne vouloient voir en Pologne ni un bon
gouvernement ni une force exécutrice qui
eût de la vigueur ; qu'elles se réjouissoient
des non succès de la diète, et qu'elles s'af-
fligeoient lorsque quelque partie du gouvernement venoit à s'établir ; qu'enfin, l'é-
lecteur de Saxe (1) avoit témoigné au ministre de la république, à Dresde, qu'il prenoit

---

(1) Pour déconcerter soi-disant les projets des
ambitieux, on étoit convenu quelque temps avant cette
époque d'élire un successeur au roi, de son vivant. On
étoit bien décidé à choisir l'électeur de Saxe ; mais pour
donner plus de poids à ce choix, on consulta les provinces. Dans les universaux expédiés à cet effet, le roi invitoit d'une manière très-pressante à choisir l'électeur
de Saxe ; les deux tiers des provinces, malgré cette
invitation, le rejetèrent dans les instructions qu'elles
envoyèrent à leurs représentans, ce qui n'empêcha pas
ceux-ci de soutenir leur premier choix. Ces sortes de
désobéissances dans un état constitué comme l'étoit la
Pologne sont certainement des crimes, mais comme
les provinces ne sont pas dans l'usage de se communiquer
les instructions qu'elles ont données, il est rare que
ces infidélités se découvrent ; et dans ces cas-là, l'argent,
le crédit et l'intrigue sauveroient toujours le coupable.

le plus vif intérêt au bonheur de la Pologne ; mais que tant qu'elle n'établiroit pas une forme de gouvernement solide et permanente, il ne pouvoit qu'être en peine sur son sort.

Après ce rapport, M. Ignace Potocki, grand maréchal de Lithuanie, et l'auteur de la constitution que l'on fit accepter dans cette séance, fit un discours très-étudié, dans lequel il représenta chaudement la la nécessité de prendre les mesures les plus propres à déjouer les projets des ennemis, et engagea le roi à s'expliquer dans cette circonstance. Après le discours de M. Potocki.... le roi parla ainsi :

« La voix d'un *digne ministre* m'engage à donner mon avis ; je l'ai donné dans toutes les occasions avec la sincérité dont je fais profession, et je ne m'en écarterai pas dans ce moment-ci. Dieu et ma conscience sont témoins (1) que mon unique but est de servir notre patrie commune. Nous venons d'entendre la lecture des nouvelles qui nous viennent de l'étranger ; cette lecture a fait naître en moi une idée qui n'aura échappé

____

(1) Vos œterni ignes....

à personne de nous , c'est que nous sommes perdus si nous mettons le moindre retard dans l'établissement d'une nouvelle forme de gouvernement. Je m'occupe depuis plusieurs mois de ce qu'il convient que nous fassions (1). Des citoyens bien intentionnés, je dois leur rendre cette justice, m'ont communiqué différentes mesures à prendre , et m'ont prié de m'en occuper. Des ouvertures confidentielles ont produit des idées, et de ces idées est né un projet que bien des personnes veulent exécuter. On va vous en faire la lecture ; je souhaite qu'il soit accepté , et je le desire d'autant plus que nous sommes tous persuadés qu'il ne sera plus temps de le faire dans quinze jours , soit que nous ayons la guerre , soit que nous soyons encore en paix ; car, pour nous tenir dans une inaction mortelle , nos voisins ne manqueront pas de nous flatter de ces anciens préjugés qui nous sont si essentiellement pernicieux , et qui ne nous permettent pas même de nous compter parmi les nations.

---

(1) Cette prévoyance de ce qui devoit arriver est digne de remarque , et cet aveu qui échappe au Roi est un trait de naïveté bien respectable.

» On a touché dans ledit projet un objet auquel je ne puis prendre part sans l'aveu des états, c'est la succession au trône ; j'ai accepté tout le reste, mais je renvoie cet article à la délibération des états ; je vous prie, M. le Maréchal de la diète, de nous faire lire le projet en question ».

Le secrétaire de la diète lut ici ce projet, ayant pour titre : *Forme constitutionnelle, etc.*

Cette belle constitution ayant fait beaucoup de bruit, nous allons l'examiner avec attention. Si l'on observe que pendant cette lecture les personnes dont le patriotisme étoit connu se trouvèrent entourées avec le plus grand soin ; que des Sbires furent introduits dans les états ; que les nonces furent consignés dans la salle de la diète, et que le grand général Branicki, ayant voulu sortir, fut arrêté à la porte, on aura une idée du genre de liberté qui présida à l'acceptation de cette forme constitutionnelle, et de la solidité des principes qui en font la base.

FORME CONSTITUTIONNELLE

Décrétée par acclamation (1) dans la séance du 3 mai, et sanctionnée à l'unanimité dans la séance suivante (2).

Au nom de dieu, etc. etc.

Stanislas Auguste,

Par la grâce de dieu et la volonté de la

---

(1) Le mot *acclamation*, du latin *acclamare*, présente l'idée d'une approbation universelle exprimée par un cri général. Cela posé, peut-on appeller *acclamation* les bruyans et scandaleux éclats des conjurés dans la séance du 3 mai ? Leurs criminels efforts pour étouffer les protestations des amis de la liberté; cet amas de gens ivres et menaçans ; ces soldats dans le sanctuaire des loix, tout ne caractérise-t-il pas les précautions des timides révolutionnaires , et l'empire de la force ? Ah ! si vos vues avoient été droites ; si vous n'eussiez eu d'autre objet que le salut de la patrie, vous diriez: *il est vrai, nos maux étoient à leur comble, nous avons voulu les terminer d'un seul coup ; forts du témoignage de notre conscience, nous avons voulu opérer une révolution nécessaire ; nous avons cru devoir nous assurer de ceux qui pouvoient empécher le bien ; nous les avons ou saisis ou intimidés ;* voilà ce que vous diriez: mais vous ne diriez pas que votre constitution a été *décrétée par acclamation* ; vous ne mentiriez pas à l'Europe et à vous-mêmes !

(2) Nous ne dirons rien de l'expression *sanctionnée*

nation, roi de Pologne, grand duc de Lithuanie, de Russie, de Prusse, de Mazovie, de Samogitie, de Kiovie, de Volhinie, de Podolie, de Podlachie, de Livonie, de Smolensko, de Severie et de Czerniechovie.

Conjointement avec les états confédérés, en nombre double représentans la nation Polonoise.

Persuadés (1) que la perfection et la stabilité d'une nouvelle constitution nationale peuvent seules assurer notre sort à tous; éclairés par une longue et funeste expérience sur les vices invétérés de notre gouvernement; voulant mettre à profit les conjonctures où se trouve aujourd'hui l'Europe, et sur-tout les derniers instans de cette époque heureuse qui nous a rendu à nous-mêmes; relevés du joug flétrissant que nous imposoit une prépondérance

---

à l'unanimité, parce que nous ne savons pas ce que cela veut dire. Si l'on entend que les nonces constituans le 3 mai ont sanctionné leur propre ouvrage le 4, il n'y a rien de bien étonnant; s'il y avoit acclamation la veille, il devoit y avoir unanimité ce jour-là !

(1) Tous ceux qui savent ce que c'est qu'un préambule peuvent se dispenser de lire celui-ci, il ressemble à tous les autres.

étrangère ; mettant au-dessus de notre félicité individuelle , au-dessus même de la vie ,
l'existence politique , la liberté à l'intérieur
et l'indépendance au-dehors de la nation
dont la destinée nous est confiée ; voulant
nous rendre dignes des vœux et de la reconnoissance de nos contemporains , ainsi que
de la postérité ; armés de la fermeté la plus
décidée , et nous élevant au-dessus de tous
les obstacles que pourroient susciter les
passions , n'ayant en vue que le bien public ,
et voulant assurer à jamais la liberté de la
nation et l'intégrité de tous ses domaines ;
décrétons la présente constitution , et la déclarons dans sa totalité sacrée et immuable ,
jusqu'à ce qu'au terme qu'elle prescrit elle-
même , la volonté publique ait expressément
reconnu la nécessité d'y faire quelques
changemens. Voulons que tous les règlemens ultérieurs de la présente diète soient
en tout conformes à cette constitution.

ARTICLE PREMIER.

Religion du gouvernement.

La religion catholique, apostolique, romaine, est et restera à jamais la religion

nationale, et ses loix conserveront toute leur vigueur. Quiconque abandonneroit ce culte pour tel autre que ce soit encourra les peines portées contre l'apostasie (1). Cependant l'amour du prochain étant un des préceptes les plus sacrés de cette religion, nous devons à tous les hommes, quelle que soit leur profession de foi, une liberté de croyance entière (2), sous la protection du gouvernement. En conséquence, nous assurons dans toute l'étendue de la Pologne un libre exercice à toutes les religions et

---

(1) Le bannissement.

(2) *Nous devons à tous les hommes, quelle que soit leur profession de foi, liberté de croyance entière. Mais celui qui quittera le culte catholique pour tel autre que ce soit sera puni comme apostat.* Où est donc cette liberté de croyance entière ? Si toute votre philosophie se borne à permettre l'exercice des différens cultes ; si vous forcez l'homme dont les opinions auroient changé à professer une religion à laquelle il ne croit plus, comment pouvez-vous dire avoir établi liberté de croyance entière ? *Plaisante foi,* dit Montagne, *que celle qui ne croit que parce qu'elle ne peut pas décroire !* Ceci se réduit à dire que l'on permet à l'enfant qui vient de naître de choisir le culte qui lui convient ; car cette loi ne présente pas d'autre liberté.

à tous les cultes, conformément aux loix portées à cet égard.

I I.

Nobles terriens.

Pleins de vénération pour la mémoire de nos ancêtres, honorant en eux les créateurs d'un gouvernement libre (1), nous garantissions de la manière la plus solemnelle au corps de la noblesse toutes ses immunités, libertés et prérogatives, ainsi que la prééminence qui lui compète dans la vie privée comme dans la vie publique, et nom-

---

(1) Cette parodie du décret de notre assemblée constituante sur la noblesse n'est pas bien fine, mais elle est curieuse. N'est il pas plaisant de voir une diète de Pologne, un corps de nobles, appuyer leurs prétentions sur des prétextes aussi ridicules. *C'est par respect pour leurs ancêtres* que ces messieurs s'approprient tout ce qui leur convient *!* s'ils accumulent sur leurs têtes tout ce qui peut flatter l'ambition, l'orgueil et la cupidité, c'est parce *qu'ils sont pleins de vénération pour la mémoire de leur pères ;* s'ils traitent les deux tiers de la nation polonoise comme de vils esclaves, *c'est pour honorer les fondateurs d'un gouvernement libre. Spectatum admissi risum teneatis amici.*

mément les droits et privilèges concédés à cet état par Casimir le-Grand , Louis de Hongrie , Ladislas Jagellon et Witold son frère , grand duc de Lithuanie , ainsi que par Ladislas et Casimir , tous les deux Jagellons , par Jean Albert , Alexandre et Sigismond ; enfin , par Sigismond Auguste , le dernier de la famille des Jagellons ; lesquels privilèges nous approuvons , confirmons et reconnoissons être à jamais irrévocables : déclarons l'état noble de Pologne égal en dignité à celui de tous les autres pays ; établissons l'égalité la plus parfaite entre tous les membres de ce corps (1) , non-

____

(1) Il y a fort long-temps que cette égalité existe de droit ; si plusieurs voyageurs, trompés par les apparences, ont cru qu'il n'y avoit de fait aucune différence entre certains *Szlaksis* (gentilshommes) et les paysans , ils se sont abusés.

D'abord, le *Szlaksis* peut le dimanche ceindre la fine ceinture de laine , avantage dont ne jouissent pas les paysans.

En second lieu, lorsque son maître veut le faire châtier , il ne peut pas le faire coucher par terre comme les paysans ; mais on est obligé de lui étendre un tapis sur lequel il se place pour recevoir plus décemment sa correction. (A tout seigneur tout honneur.)

seulement quant au droit de posséder dans la république toutes espèces de charges, **et** de remplir toutes fonctions honorables et lucratives, mais aussi quant à la liberté de jouir d'une manière uniforme de toutes les immunités et prérogatives attribuées à l'ordre équestre. Voulons sur-tout que la liberté et la sûreté individuelle, la propriété de tous biens, meubles et immeubles, soient à jamais, et de la manière la plus religieuse, respectées dans chaque citoyen, et mises à l'abri de toute atteinte, comme elles l'ont été de tems immémorial. Garantissons solemnellemnent que dans les loix à statuer **nous** ne laisserons introduire aucun changement ou restriction qui puisse porter le moindre préjudice à la propriété de qui que ce soit, et que ni l'autorité suprême de la nation, ni

---

Outre ces prérogatives, le *Szlaksis* a encore un droit précieux ; c'est que le maître, qui peut faire donner au paysan 100 coups de *kanczug*, n'en peut faire donner à un *Szlaksis* que 99, ce qui est bien différent.

La loi qui établit l'égalité entre les gentilshommes n'ajoutant rien à celle qui existoit déjà, il est à regretter qu'elle ne se soit pas expliquée sur cette question, savoir si elle confirme à la petite noblesse les susdits privilèges.

les

les agens du gouvernement établis par elle,
ne pourront, sous prétexte de droits royaux
ou tels autres que ce soit, former aucune
prétention à la charge de ses propriétés,
prises dans leur totalité ou dans leurs parties. C'est pourquoi, respectant la sûreté
personnelle et la propriété légale de tout
citoyen, comme le premier lien de la société
et le fondement de la liberté civile, nous
les confirmons, assurons, garantissons, et
voulons que, respectées dans tous les siècles,
elles restent à jamais intactes (1).

---

(1) Si les paroles sont faites pour exprimer des
choses ; si les promesses sont des garans ; si la même
loi représentée sous dix formes différentes en devient
plus sacrée, plus inviolable, il n'est aucun pays, sans
doute, où la propriété et la liberté individuelle soient
plus respectées qu'en Pologne : mais si tout cet étalage
n'étoit en effet que de vaines paroles ; si rien n'étoit
moins sacré en Pologne que la propriété ; si la liberté individuelle étoit à tout moment violée ; si les loix les plus
nouvelles étoient méconnues par ceux même qu'elles ont
commis à leur exécution ; si mille faux - fuyans pouvoient y soustraire les hommes puissans ; si enfin tout
étoit possible à celui qui a de l'or, que faudroit - il
penser de la prétendue régénération des Polonois ? Ce
n'est pas ici le moment de parler de l'organisation des

I I I.

Villes et bourgeois.

Voulons que la loi décrétée par la présente diète, sous le titre de *nos villes royales déclarées libres dans toute l'étendue des domaines de la république* (1), ait une pleine et entière vigueur ; que cette loi, qui donne une base vraiment *nouvelle*, *réelle* et *efficace* à la liberté de l'ordre équestre, ainsi qu'à l'intégrité de notre patrie commune,

---

tribunaux, de l'éducation morale des juges et des formes dans lesquelles ils procèdent. Un tableau de la Pologne auquel · nous travaillons donnera à cet égard les détails les plus exacts.

(1) La constitution n'a rien fait de plus pour les bourgeois, que sanctionner la loi qui les concerne. Nous avons dit plus haut à quoi se réduit ce bienfait ; mais pour dire comment cette loi peut produire l'effet quel'on en attend ici, il faudroit d'abord savoir ce que c'est *qu'une base efficace et réelle.* Tout ce qu'il est raisonnablement permis de conclure de cet article, c'est qu'on n'a confirmé la loi concernant les bourgeois, que parce qu'elle donne *une base nouvelle réelle et efficace à la liberté de l'ordre équestre* ; car tout se rapporte là.

soit regardée comme faisant partie de la présente constitution.

I V.

Colons et habitans de la campagne.

Comme c'est de la main laborieuse des cultivateurs que découle la source la plus féconde de la richesse nationale ; comme leur corps forme la majeure partie de la population de l'état, et que, par une suite nécessaire, c'est lui qui constitue la force principale de la république ; la justice, l'humanité, ainsi que notre propre intérêt bien entendu, sont autant de motifs puissans qui nous prescrivent de recevoir cette classe d'hommes précieuse sous la protection immédiate de la loi et du gouvernement. A ces causes, statuons : que désormais toutes conventions arrêtées authentiquement entre les propriétaires et leurs colons, stipulant en faveur de ces derniers quelques franchises ou concessions, sous telles et telles clauses, soit que lesdites conventions aient été conclues avec la communauté entière, ou séparément avec chaque habitant de village, deviendront pour les deux parties contractantes une obligation commune et réciproque, et cela suivant l'énonciation expresse desdites clauses, et la teneur du contrat garant de cet accord, sous la protection du gouvernement (1). Ces

---

(1) Tout cet article décrété en faveur des colons est peut-être un acte éclatant de la justice nationale ; peut-être bien aussi est-ce du bavardage comme tout le reste; quoiqu'il en soit, il présente deux réflexions bien naturelles.

1°. Un contrat, par sa nature même et par le conçu de ses dispositions, étant un acte obligatoire pour tous les contractans, une loi qui décide qu'un contrat obligera réciproquement, ressemble à celle qui ordonneroit que la neige fût blanche et que le charbon fût noir.

2°. Ou les contrats entre les seigneurs et les paysans seront efficacement garantis par la loi, ou, ce qui est plus problable, les premiers s'en moqueront comme autrefois. Dans ce dernier cas, le bienfait est nul pour les paysans ; dans le premier il est encore nul, car la loi n'obligeant qu'à l'observation des contrats passés, et ne forçant aucun seigneur à en faire avec leurs colons, quel est celui de ces petits despotes, qui, maître absolu dans son village, s'avisera de se lier par des contrats ? Il faut bien mépriser l'espèce humaine pour oser la leurrer de pareils avantages ! Eh quoi, législateurs patelins, vous commencez par ca;

conventions particulières et les obligations qu'elles imposeront, une fois qu'elles seront acceptées par un propriétaire de biens-fonds, seront tellement obligatoires pour lui, ses héritiers ou les acquéreurs desdits fonds, qu'ils n'auront le droit d'y faire seuls et par eux-mêmes aucune espèce de changement. Respectivement, les colons ne pourront déroger à ces conventions, ni se dégager des obligations auxquelles ils se seront soumis de plein gré, quelle que soit la nature de leurs possessions, que de la manière et suivant les clauses stipulées dans le contrat mentionné : lesquelles clauses seront obligatoires pour eux, ou pour toujours, ou pour un temps, suivant l'énoncé dudit contrat.

---

resser vos paysans ; vous annoncez que vous les considérez comme *une classe d'hommes précieux, d'où découle la source de la prosperité nationale, et qui constitue la principale force de la république, etc. etc.* ...... Et voilà tout ce que vous faites pour eux ! vous insultez à leur bonhommie, et vous ne savez payer que par des éloges hypocrites les bienfaits que vout tenez d'eux ! Je ne m'étonne plus si nos aristocrates François citent comme un modèle votre prétendue constitution ; oui, voilà bien leurs affreux principes, et leur ame atroce semble avoir dicté vos décrets.

G 3

Ayant par ce moyen assuré aux propriétaires des biens-fonds, tous les émolumens
et avantages qu'ils ont droit d'exiger de
leurs colons ; et voulant encore encourager
de la manière la plus efficace la population
dans les domaines de la république , nous
assurons la liberté la plus entière aux individus de toutes les classes, tant aux étrangers qui voudront s'établir en Pologne ,
qu'aux nationaux qui, après avoir quitté
leur patrie , voudroient rentrer dans son
sein. Ainsi, tout homme étranger ou national , dès l'instant qu'il mettra le pied sur
les terres de la Pologne , pourra librement et sans aucune gêne faire valoir
son industrie de la manière et dans tel
endroit que bon lui semblera ; il pourra
arrêter à son gré , et pour le temps qu'il
le voudra , telles conventions que bon lui
semblera , relativement à l'établissement
qu'il desirera former, sous clause de paiement en argent ou en main - d'œuvre ; il
pourra encore se fixer, à son choix, à la
ville ou à la campagne ; enfin , il pourra ou
rester en Pologne , ou la quitter s'il le juge
à-propos , après avoir préalablement satis-

fait à toutes les obligations qu'il aura volontairement contractées (1).

V.

Gouvernement ou caractère des pouvoirs publics.

Dans la société, tout pouvoir émane essentiellement de la volonté de la nation. Afin

------

(1) C'est avec de pareilles promesses que des enjeoleurs Polonois ont déja réussi à séduire quelques paysans François, Suisses et Allemands. Si le tableau de leurs angoisses et le détail des infames avanies qu'on leur a faites peut sauver les malheureux qui seroient tentés de les imiter, nous en parlerons un peu au long dans le tableau de la Pologne que nous avons promis ; et qu'ils ne croyent pas, les bons paysans que l'on voudroit entraîner en Pologne, qu'ils ne s'imaginent pas de retourner de si-tôt dans leurs pays ; *facilis descensus averni, sed remeare gradum* ;. . . . . . . ils se trouveront, sans s'en douter, débiteurs des propriétaires, et l'impossibilité de s'acquitter les retiendra pour toujours dans un esclavage pire que la mort ; toute communication avec leur patrie sera empêchée, les lettres interceptées ; les injures et les coups seront les réponses que l'on fera aux plaintes les plus fondées, et le désespoir seul leur restera !

donc que l'intégrité des domaines de la république , la liberté des citoyens et l'administration civile restent à jamais dans un
parfait équilibre , le gouvernement de Pologne devra réunir , en vertu de la présente
constitution , et réunira en effet trois genres
de pouvoirs distincts (1):l'autorité législative
qui résidera dans les états assemblés , le

---

(1) Quelque mépris que la plupart des Polonois
témoignent pour notre constitution , dont ils redoutent
l'influence , ils n'ont pas laissé que d'en consacrer quelques principes ; il n'y a de différence entre eux et
nous que quant aux conséquences que nous en tirons. En
disant , par exemple , que tout pouvoir émane du peuple ,
nous reconnoissons le peuple pour véritable et seul souverain ; mais le nombre des pouvoirs qu'il confère
ne change rien à sa souveraineté ; il n'y a qu'en Pologne que l'on ait pu dire : la nation est souveraine,
donc il y aura trois genres de pouvoirs distincts. La
raison pour laquelle on établit ces trois pouvoirs est
encore plus curieuse : c'est , dit-on , *afin que l'intégrité
des domaines de la république , la liberté des citoyens et
l'administration civile , restent à jamais dans un parfait
équilibre.*

Si les admirateurs de la constitution polonoise sont
de bonne foi , ils ont sans doute bien médité et compris ce code de sagesse ; pourroit-on leur demander
ce qu'ils entendent par *l'équilibre de la liberté des citoyens*

pouvoir exécutif suprême dans la personne du roi et dans le conseil de surveillance, et le pouvoir judiciaire dans les magistratures déjà établies ou qui le seront à cet effet.

V I.

Diète ou pouvoir législatif.

La diète ou assemblée des états sera partagée en deux chambres, celle des nonces et celle des sénateurs, laquelle sera présidée par le roi.

La chambre des nonces, étant l'image et le dépôt du pouvoir suprême de la nation, sera le vrai sanctuaire des loix. C'est dans cette chambre que seront décidés en premier

---

avec l'administration civile ; par l'équilibre de l'administration civile avec l'intégrité des domaines de la république ?

Nous savons bien, et nous en voyons tous les jours des exemples, qu'avec les mots *citoyens*, *liberté*, *administration*, on fait un salmis de phrases gothiques qui en imposent quelquefois à la multitude ; mais on n'a jamais vu ce style amphigourique employé dans la rédaction des loix, dont la simplicité, la clarté, la vérité sont les principaux caractères.

lieu tous projets relatifs ; 1°. *aux loix générales,* c'est-à-dire, aux loix constitutionnelles, civiles et criminelles, et comme aussi aux impôts permanens. Pour la décision de tous ces objets, les propositions émanées du trône, lesquelles auront été soumises à la discussion des palatinats, terres et districts, et portées ensuite dans la chambre en vertu des instructions données aux nonces, devront être prises les premières en délibération (1) ; 2°. *à tous*

---

(1) Ce que l'on accorde ici au roi n'est pas ce que nous avons nommé *l'initiative*, droit dont les inconvéniens ont été si bien démontrés dans les debats qu'il a fait naître ; celui dont il s'agit ici est bien autre chose. En effet, plus la cour enverra d'objets à discuter dans les assemblées *antie-comitiales*, plus elle montrera de zèle, et moins il restera de temps pour les examiner. On conçoit que le nombre des propositions *émanées du trône* peut être tel que dans un espace de temps déterminé, comme l'est ordinairement celui des diètes, il ne soit pas possible d'agiter autre chose.

Si l'on veut en outre être à même de juger jusqu'à quel point les instructions données aux nonces peuvent contrarier la cour dans ses volontés, il suffira de jeter un coup-d'œil sur les assemblées primaires de Pologne. Voici à-peu près comment tout est passé jusqu'ici.

Après la publication des universaux dans les différens

autres arrêtés des diètes, tels qu'impôts temporaires, valeur des monnoies, emprunts publics, ennoblissemens et autres récompenses accidentelles ; état des dépenses publiques, ordinaires et extraordinaires ; déclaration de guerre, conclusion de paix,

---

palatinats , on se dispose à se rendre dans les lieux d'assemblées ; cette époque est pour les pauvres *szlaxis* de campagne un moment de jubilation ; c'est pour ainsi dire leur carnaval. Vous les voyez par douzaine , sur des petits chariots tirés par un petit cheval, s'acheminer vers le rendez-vous. Les uns sont un peu vétus , les autres sont presque nuds. Quelques-uns ont un sabre sans fourreau , d'autres un fourreau sans sabre ; leur nombre , leur gaieté , leur misère , présentent le coup-d'œil le plus curieux. Arrivés à leur destination , ils trouvent toujours deux chefs : l'un est envoyé par le roi , et chargé d'accaparer le plus de voix possible afin de faire élire les nonces agréables à la cour , et de veiller à ce qu'il ne se glisse rien de gênant dans les instructions ; l'autre , est désigné par son crédit dans le palatinat , et sa tâche est de faire contre la cour ce que le premier fait pour elle. Il n'est pas besoin , pour s'assurer des voix de tous ces *szlaxis* , de traiter avec chacun d'eux ; le marché se fait avec les petits chefs de certains arrondissemens. Dès que ceux-ci sont contens, ils passent du côté de la personne avec laquelle ils ont traité , et toute leur bande

ratification définitive des traités d'alliance
et de commerce ; tous actes diplomatiques
et conventions ayant trait au droit des nations ; quittances et témoignages à rendre
aux magistratures préposées au pouvoir
exécutif, et tous autres objets publics de

---

les suit. On les abreuve d'une boisson détestable qu'on
leur dit être du vin d'Hongrie ; l'eau-de-vie coule à
grands flots, et voilà comment on gagne la majorité
dans les diètines. La veille de l'élection des nonces on
peut savoir si tel gentilhomme sera élu ou non ; il n'y
a qu'à compter les convives du chef qui doit le proposer ; car il est certain que tous ces messieurs-là le
nommeront.

Le roi, qui avoit à sa disposition un très-grand nombre
de moyens de séduction, étoit presque sûr de faire
nommer les nonces qu'il desiroit, ou du moins il obtenoit cet avantage dans un très-grand nombre de palatinats. Le parti qu'il avoit à la diète étant, par ce
moyen, trés-considérable, il n'étoit plus gêné que par
le *veto*, cette ressource bien triste, mais alors nécessaire, et sans laquelle les Polonois seroient déjà depuis
long-temps ce qu'ils sont aujourd'hui, des esclaves à-
peu-près sans ressources.

Les changemens qu'une loi nouvelle a introduits dans
l'organisation des diètines, bien loin de corriger les
anciens abus, a ouvert la porte à plusieurs nouveaux
dont nous parlerons ailleurs,

première importance. Dans toutes ces matières, la préférence sera donnée aux propositions émanées du trône, lesquelles devront être portées directement dans la chambre des nonces.

La chambre des sénateurs, présidée par le roi, sera composée des évêques, des palatins, des castellans et des ministres. Le roi aura le double droit, et de donner sa voix, et de résoudre la parité quand elle aura lieu ; ce qu'il fera ou en personne ou par mission, quand il ne siègera pas.

Le droit de cette chambre sera, 1°. *d'accepter ou de suspendre* jusqu'à une nouvelle délibération de la nation, et cela à la pluralité des voix, telle qu'elle sera déterminée par la présente constitution, toute loi qui, après avoir passé suivant les formes légales dans la chambre des nonces, devra être renvoyée sur-le-champ à celle des sénateurs. Cette acceptation donnera à la loi proposée la sanction qui peut seule la mettre en vigueur. La suspension ne fera qu'en arrêter l'expédition jusqu'à la première diète ordinaire, à laquelle, si la chambre législative s'accorde à renouveler la même loi, le sénat ne pourra plus refuser de la sanctionner (1) ; 2°. *dans l'arrêté des diètes* relatif aux objets ci-dessus spécifiés, la chambre des nonces devra sur-

---

(1) Ce n'étoit pas assez que dans une assemblée législative, où la cour a toujours eu une très-grande majorité, le roi pût désigner les objets dont on auroit à s'occuper de préférence, il falloit encore lui accorder le *veto suspensif* ! Quel despote pourroit en desirer davantage ? En demandant ce droit, il semble que le roi ait dit aux états : « malgré tous les moyens de corruption laissés entre mes mains, il seroit possible que » dans les diètines le choix des nonces ne répondît pas » à mon attente ; les objets que j'aurai proposés seroient » peut-être réglés contre ma volonté ; dans ce cas, je » veux avoir le droit de suspendre l'exécution de ces » loix jusqu'à la prochaine législature, où j'espère mieux » choisir ».

En usant du *veto* suspensif, il semble que le roi dise : « *Messieurs, j'avois soumis tel objet à vos délibé-* » *rations, je suspens l'exécution de votre arrêté, parce que* » *vous n'avez pas prononcé comme je voulois* ».

Si l'on observe qu'il est presque inouï que deux diètes consécutives se soient assemblées sans que le roi ait eu une très-grande majorité, et que cet accident, déjà si rare, est devenu impossible par l'effroyable puissance qu'on lui a laissée, on conviendra que ce *veto*, appelé *suspensif*, est en effet un *veto* absolu.

le-champ communiquer ses arrêtés à cet égard à celle des sénateurs, afin que les décisions sur ces matières soient portées à la pluralité des voix des deux chambres, laquelle pluralité légalement énoncée, deviendra l'interprète de la volonté suprême des états (1). Statuons que les sénateurs et les ministres, dans tous les cas où ils auront à justifier de leurs opérations, tant dans le conseil de surveillance que dans une commission quelconque, n'auront point voix décisive à la diète, et ne siégeront alors au sénat que pour donner les explications et les éclaircissemens que pourra exiger d'eux l'assemblée des états.

La diète sera censée permanente ; les représentans de la nation, nommés pour deux ans, devront être toujours prêts à se rassembler.

La diète législative ordinaire se tiendra tous les deux ans, et durera le temps fixé dans l'article séparé sur l'organisation des

---

(1) Voilà le sénat qui d'acceptant est devenu délibérant, c'est-à-dire, qu'à son parti dans la chambre des nonces le roi ajoute toutes ses autres créatures : les évêques, les palatins, les castellans et les ministres.

diètes. Les assemblées nationales qui seront convoquées dans des circonstances pressantes et extraordinaires ne pourront statuer que sur les objets pour lesquels elles auront été convoquées, ou sur ceux qui seroient survenus depuis sa convocation.

Aucune loi décrétée dans une diète ordinaire ne pourra être abrogée dans la même diète (1).

L'assemblée des états, pour être complète, devra être composée du nombre de membres qui sera déterminé dans l'article ci-dessus mentionné, tant pour la chambre des nonces que pour celle des sénateurs.

Quant aux règles à observer dans la tenue des diètines, nous confirmons de la manière

(1) Cette disposition est de toute absurdité. Qu'un tribunal ne puisse pas casser son arrêt, cela est très-naturel, parce qu'il n'a dû prononcer qu'après l'éclaircissement de tous les faits et l'observation de toutes les formes. Si les juges ont rempli leur devoir, ils ont été les organes de la loi, et la loi n'a pas deux langages ; mais ceux qui font la loi ne suivant que les lumières de leur raison, peuvent, après de plus mûres réflexions, reconnoître qu'ils se sont trompés, et s'ils avouent que la loi qu'ils ont faite est mauvaise, n'est-il pas ridicule d'obliger pendant deux ans ses concitoyens à l'observation d'une loi dont le vice seroit reconnu ?

la

la plus solemnelle la loi décrétée à cet
égard par la présente diète , regardant cette
loi comme le premier fondement de la liberté civile.

Le pouvoir législatif ne pouvant être
exercé par tout le corps des citoyens , et
la nation se suppléant elle-même par ses
représentans ou nonces librement élus , statuons que les nonces nommés dans les diètines réunissant dans leurs personnes le
dépôt sacré de la confiance publique ,
doivent , en vertu de la présente constitution , être envisagés comme *les représentans de la nation entière* , tant pour ce qui
concerne la législation que pour ce qui a
trait aux besoins de l'état en général.

Dans tous les cas , sans exception , les
arrêtés de la diète seront portés à la pluralité
des voix ; c'est pourquoi nous abrogeons à
jamais le *liberum veto* , les confédérations
de toute espèce , ainsi que les diètes con-
fédérées , comme contraires à l'esprit de la
présente constitution , tendantes à détruire
les ressorts du gouvernement et à troubler
la tranquillité publique (1).

____

(1) Sans doute le *liberum veto* et les confédérations
étoient un grand mal ; mais elles avoient un très-grand

Voulant, d'un côté, prévenir les changemens précoces et trop fréquens qui pourroient s'introduire dans notre constitution nationale ; de l'autre, sentant le besoin de lui donner, dans la vue d'accroître la félicité publique, ce degré de perfection que peut seule déterminer l'expérience fondée sur les effets qui en résulteront, fixons à tous les vingt-cinq ans le terme auquel la nation pourra travailler à la révision et à la réforme de ladite constitution ; voulant qu'il soit convoqué alors une diète de législation extraordinaire, suivant les formes qui seront prescrites séparément pour sa tenue (1).

____

avantage, celui d'arrêter l'effet d'une coalition achetée par la cour. Pour les supprimer, il falloit mettre quelque chose à la place ; seroit-il donc vrai que l'anarchie ne peut conduire qu'au despotisme ?

(1) Les législateurs polonois auroient mieux fait de copier la déclaration des droits de l'homme dans notre constitution que ce chapitre là. Il n'est pas difficile de voir pourquoi ils ne veulent pas que l'on change rien de long-temps à leurs loix ; mais malgré leurs efforts, la nation, toujours souveraine, sera toujours maîtresse d'en faire d'autres. Le seul moyen de faire que des loix restent, c'est de les faire bonnes, de les faire justes ; ordonner à un édifice gothique de demeurer vingt-cinq ans sur de vieux fondemens, n'ajoute rien à sa solidité.

V I I.

Le roi, le pouvoir exécutif (1).

Aucun gouvernement, fût-il le plus parfait, ne peut subsister si le pouvoir exécutif n'y est doué de la plus haute énergie. — Des loix justes font le bonheur des nations, et de l'exécution de ces loix dépend tout leur effet. — L'expérience nous a prouvé que c'est au peu d'activité qu'on a donné à cette par-

---

(1) Comme le pouvoir exécutif est la principale pièce de la batterie infernale dressée contre la liberté polonoise, il falloit préparer les esprits par un préambule séduisant. On reconnoît ici le *faire* ordinaire de la cour ; elle sait que la plupart des hommes sont d'accord sur les principaux adages politiques ; elle les met toujours en avant, bien sûre qu'ils seront approuvés, et qu'é-blouis par ces démonstrations de bonne foi, les gens qui n'examinent que les principes lui laisseront le soin de tirer les conséquences.

Rien de mieux reconnu sans doute que cette vérité : *Des loix justes font le bonheur des nations.*

Celle-ci sur-tout, que *de leur exécut*'*on dépend tout leur effet*, est d'un lumineux éblouissant ; mais ce qui n'est pas si clair, c'est ce que nos législateurs en con-cluent.

tie du gouvernement, que la Pologne doit tous les maux qu'elle a éprouvés. — A ces causes, après avoir assuré à la nation polonoise libre, et ne dépendant que d'elle seule, le droit de se créer des loix, de surveiller toutes les parties de l'autorité exécutrice, de choisir elle-même tous les officiers publics employés dans ses diverses magistratures, nous confions l'exécution suprême des loix au roi et à son conseil, qui sera désigné sous le nom de *conseil de surveillance* (1).

----

(1) De ce que *des loix justes font le bonheur des nations*, de ce que *tout leur effet dépend de leur exécution*, il résulte bien qu'il faut faire des loix justes, et les faire exécuter ; mais il ne résulte pas qu'il faille confier l'exécution suprême des loix au roi et à son conseil.

On me demandera peut-être à qui je crois qu'il faille confier l'exécution des loix ? Je réponds d'abord que je n'ai encore attaqué que la partie logique de cet article ; quant à l'exécution, et même, si l'on veut, à l'exécution *suprême* des loix, j'aimerois autant la donner au roi qu'à un autre, si la constitution ne lui avoit pas déjà laissé une très-grande part dans le pouvoir législatif ; mais je ne conçois pas qu'une nation qui prétend être libre ait pu accorder à un homme *l'initiative à la diète, le veto*, tranchons le mot, *le veto absolu et l'exécution suprême des loix qu'il aura faites*. Je ne parle ici que de ce que l'on donne au roi, et non pas de ce qu'il

Le pouvoir exécutif sera strictement tenu de surveiller l'exécution des loix, et de s'y conformer le premier. — Il sera actif par lui-même dans tous les cas où la loi le lui permet : tels sont ceux où elle a besoin de surveillance, d'exécution, et même d'une force co-active (1).

---

a en effet ; de ce qu'il prend tous les jours, et de ce qu'il prendroit par la suite, si un pareil ordre de choses pouvoit subsister. Je ne conçois pas qu'un peuple soit souverain lorsqu'un homme seul peut empêcher l'effet de ses plus sages décrets ; je crois même que dire :

Telle nation est souveraine ; mais son roi a le droit de l'empêcher de faire ce qu'elle veut, c'est dire une sottise.

Je crois encore que dire :

Tel peuple est libre ; mais son roi réunit en lui deux genres de pouvoir, le législatif et l'exécutif, c'est dire une sottise.

Toute société dans laquelle la séparation des pouvoirs n'est pas déterminée n'a pas de constitution. *Voyez const. franç. art. XVI.*

(1) On auroit craint d'effrayer les gens timides, si l'on eût dit : *le pouvoir exécutif sera tout-puiſſant.* On ajoute ici pour correctif, *dans les cas où la loi le lui permet.* Voilà une clause bien rassurante. Mais le fait est qu'il n'existe point de loi qui détermine les cas en question, et ces messieurs le savent si bien qu'ils les dé**

Toutes les magistratures lui doivent une obéissance entière ; aussi lui remettons-nous le droit de sévir ; s'il le faut, contre celles de ces magistratures qui négligeroient leurs devoirs, ou qui seroient réfractaires à ses ordres.

Le pouvoir exécutif ne pourra ni porter des loix, ni même les interprêter, ni établir d'impôts ou autres contributions, sous quelque dénomination que ce puisse être, ni contracter de dettes publiques, ni se permettre le moindre changement dans la dispartition des revenus du trésor déterminée par l'assemblée des états, ni faire des déclarations de guerre, ni enfin arrêter définitivement des traités de paix, ou tels autres traités ou actes diplomatiques quelconques. Il ne pourra qu'entretenir avec les cours étrangères des négociations temporaires, et pourvoir à ce que pourroient exiger, dans les cas ordinaires ou momentanés, la sûreté et la tranquillité de l'état ; opération dont

---

terminent eux-mêmes en ajoutant vaguement : *tels sont ceux où elle a besoin de surveillance d'exécution, et même d'une force co-active.*

il sera tenu de rendre compte à la plus prochaine assemblée des états.

Nous déclarons le trône de Pologne électif, mais par famille seulement. Tous les
revers qui ont été les suites du bouleversement qu'a périodiquement éprouvé la constitution à chaque interrègne ; l'obligation
essentielle pour nous d'assurer le sort de
tout habitant de la Pologne, et d'opposer
la p'us forte digue à l'influence des puissances étrangères ; le souvenir de la gloire
et de la prospérité qui ont couronné
notre patrie sous le règne non interrompu
des rois héréditaires ; la nécessité pressante
de détourner les étrangers et les nationaux
puissans de l'ambition de régner sur nous,
et d'exciter, au contraire, dans ces derniers
le desir de cimenter de concert la liberté
nationale : tous ces motifs réunis ont indiqué à notre prudence d'établir une fois
pour toujours la succession du trône, comme
le seul moyen d'assurer notre existence politique. En conséquence, décrétons qu'après
le décès du roi heureusement régnant aujourd'hui, le sceptre de Pologne passera à
l'électeur de Saxe actuel, et que la dynastie
des rois futurs commencera dans la personne

de Frédéric Auguste (1) ; voulant que la couronne appartienne de droit à ses hértiers

---

(1) Une opinion généralement reçue en Pologne, c'est qu'on ne refuse pas une couronne ; d'après cela, il n'est pas surprenant qu'on ait négligé de s'assurer de l'acceptation de l'Electeur avant de se déterminer à le choisir ; mais ce que bien des gens auront peine à expliquer, c'est que la pénétration des législateurs polonois n'aille pas jusqu'à voir :

Que l'électeur de Saxe les promène et se moque d'eux :

Que ce prince heureux et riche ne sera pas assez mal conseillé pour compromettre sa tranquillité personnelle et celle de ses peuples, par l'acceptation d'un trône qui ne peut rien ajouter à sa puissance ni à sa consideration :

Que les malheurs qu'il craindroit pour lui en acceptant un poste aussi glissant, il les craindra pour sa fille ; et que pouvant choisir pour cette princesse les établissemens les plus avantageux, il ne choisira pas le moins solide et le plus exposé.

Il n'est pas possible que beaucoup de personnes ne commencent à ouvrir les yeux ; mais le roi et ses ministres, par des promesses toujours nouvelles, réussissent à cacher aux états les véritables dispositions de l'Electeur. Les notes arrivées de Dresde (*v. la préface*) sont ou retranchées, ou défigurées dans les lectures que l'on est obligé d'en faire à la diète ; cependant comme les changemens que l'on attendoit dans les détermina-

mâles ; le fils aîné du roi régnant succèdera toujours à son père ; et dans le cas où l'électeur de Saxe actuel ne laisseroit point d'enfans mâles, le prince que cet électeur donnera pour mari à sa fille, de l'aveu des états assemblés, commencera en Pologne l'ordre de succession en ligne masculine ? A ces fins, nous déclarons Marie-Auguste Népommène, fille de l'électeur de Saxe, infante de Pologne ; conservant du reste à la nation le droit imprescriptible de se choisir, pour la gouverner, une seconde famille après l'extinction de la première.

En montant sur le trône, chaque roi sera tenu de faire à Dieu et à la nation le serment de se conformer en tout à la présente constitution ; de satisfaire à toutes les conditions du *pacte* qui sera arrêté avec l'électeur régnant de Saxe, comme avec celui

---

tions du cabinet saxon n'ont pas eu lieu, il a fallu y envoyer une députation qui ne changera rien à l'état des choses ; mais qui trouvera moyen de tirer le conseil du roi de l'embarras où sa mal-adresse l'a fait tomber. Le choix de l'envoyé et de ceux qui l'accompagnent ne permet pas de douter du succès de cette nouvelle manœuvre.

auquel est destiné le trône (1), pacte qui deviendra obligatoire pour lui, comme l'étoient les anciens pactes avec nos rois.

La personne du roi sera à jamais sacrée et hors de toute atteinte (2). Ne faisant rien

———————————————

(1) La constitution polonoise est finie, comme on voit ; il ne reste plus qu'à arrêter avec l'Electeur de Saxe le pacte qui tracera ses devoirs envers la nation. Cet objet est une misère pour les Solons de la Vistule ; ce n'en étoit pas une pour l'abbé Mably ; mais qu'est ce que l'abbé Mably comparé au grand Poniatowski, aux Potocki, aux Czartarenski, etc. etc.? *C'est bien peu connoître les hommes*, disoit au comte Vilheôrski l'auteur du meilleur traité que nous ayons sur le droit public ; *c'est bien peu connoître leurs passions que de croire que le même prince pourra être despote en Saxe, et magistrat en Pologne.*

(Mably , const. pol. au Cte. Villh.)

(2) Si quelque chose est propre à confondre tous les raisonnemens et à effrayer l'imagination , c'est ce que nous appelons l'inviolabilité absolue d'un roi. Telle est chez les hommes l'influence de l'habitude, qu'ils semblent méconnoître les principes les plus évidens, lorsque ces principes les mènent à des conséquences dont la nouveauté les étonne. Il viendra un temps où nous ne concevrons pas que des sociétés éclairées et libres aient dit à un de leurs membres : « Vous pouvez tout » oser contre notre liberté, nos fortunes, nos vies ;

par lui-même, il ne peut être responsable de rien envers la nation. — Loin de pouvoir jamais s'ériger en monarque absolu, il ne devra se regarder que comme le chef et le père de la nation : tel est le titre que lui donnent, tel est le caractère que reconnoissent en lui la loi et la présente constitution.

Les revenus qui seront assignés au roi par les *pacta conventa*, ainsi que les prérogatives attribuées au trône, et garanties par la présente constitution en faveur de l'électeur futur, seront à jamais à l'abri de toute atteinte (1).

» nous nous bornerons à parer, si nous pouvons, » les coups que vous nous porterez dans la nuit de » l'intrigue ; vous seul n'aurez rien à craindre, votre » personne *est sacrée* et hors de toute atteinte ».

Tant que les loix ne seront faites que pour les peuples, tant que ce ne sera pas un glaive qui frappe indistinctement tout ce qui s'élève au-dessus du plan sur lequel il se meut, les peuples s'appelleront comme ils voudront, ils ne seront jamais que des esclaves.

(L'abbé Raynal, hist. des deux Indes.)

(1) Et si le roi ne vouloit point payer ses dettes ; si de nombreuses familles se voyoient ruinées pour avoir contribué à faire donner des fêtes et corrompre les représentans de la nation ? Cela sans doute ne peut

Les tribunaux , magistratures et jurisdictions quelconques , dresseront tous les actes publics au nom du roi. Les monnoies et les timbres porteront son empreinte. —— Le roi devant avoir le pouvoir le plus étendu de faire le bien , nous lui réservons le droit de faire grace aux coupables condamnés à mort , toutes les fois qu'il ne s'agira point de crimes d'état. —— C'est au roi qu'appartiendra encore le commandement en chef des troupes en temps de guerre , et la nomination de tous le commandans , sauf le droit reservé à la nation d'en demander le changement. —— Il sera autorisé à patenter tous les officiers militaires , comme à nommer les officiers civils de la manière qui sera prescrite à cet égard , dans le détail séparé des divers articles de la présente constitution ; ce sera encore à lui qu'appartiendra la nomination des évêques , des sénateurs , des ministres et des premiers agens du pou-

---

pas se supposer , mais il est de la prudence de tout prévoir ; qui peut déterminer le degré d'impudeur où le roi sera parvenu ? J'ai vu à Varsovie proposer et refuser des effets signés *Stanislas Auguste* , sur lesquels on offroit de perdre 30 pour 100

voir exécutif, et cela conformément aussi au détail ci-dessus mentionné (1).

Le conseil chargé de surveiller, de concert avec le roi, l'exécution des loix et leur intégrité, sera composé : 1°. du primat (2), comme chef du clergé et président de la commission d'éducation ; lequel pourra être

---

(1) Si l'on ne savoit pas que le roi, qui avant la diète ne devoit que 14 millions, est aujourd'hui endetté de 34 ; si l'on ne savoit pas que S. M. a délivré depuis trois ans cinq à six cents cordons de toutes les couleurs, on demanderoit ici par quel aveuglement les états de Pologne assemblés en nombre double ont pu réunir sur une seule tête une masse aussi épouvantable de puissance ; mais les nouvelles dettes et les cordons expliquent tout cela. Le sens que l'on attache aux mots étant une affaire de convention, les Polonois sont sans doute les maîtres d'appeler *régénération* l'opération du 3 mai ; mais pour nous, qui tenons aux idées reçues, nous appellerons hardiment *despote constitutionnel* celui à qui la constitution accorde une très-grande partie du pouvoir *législatif, le pouvoir exécutif suprême, le commandement de l'armée, l'inviolabilité absolue, le veto, la disposition des places, des honneurs, des graces civiles et militaires, et des bénéfices* ; en un mot, tout ce qui appelle l'obéissance servile, l'impunité et la trahison.

(2) Frère du roi.

suppléé par celui des évêques qui sera le premier en rang (ceux-ci ne pourront signer aucun arrêté); 2º. de cinq ministres, savoir : le ministre de la police, le ministre du sceau, le ministre de la guerre, le ministre du trésor et le chancelier ministre des affaires étrangères (1) ; 3º. de deux secrétaires, dont l'un tiendra le protocole du conseil, et l'autre celui des affaires étrangères, tous les deux sans voix décisives (2).

---

(1) Tous nommés et choisis par le roi.

(2) Le frère du roi, des ministres nommés par le roi, ayant tous intérêt à ce que le roi puisse tout, parce qu'ils pourront tout sous son nom ; ne voilà-t-il pas une surveillance bien rassurante ! Mais, dira-t-on, les ministres sont responsables du mal qu'ils auront fait, et la France n'a pas elle-même d'autres garants de la bonne volonté du pouvoir exécutif que la responsabilité des ministres. Quand même il y auroit à cet égard parité absolue entre la France et la Pologne, une pareille raison seroit insuffisante ; car si par hasard la France avoit mal fait en se contentant de la responsabilité d'un ministre dont la tête est une caution presque nulle dans de si grands intérêts, son exemple ne disculperoit pas la Pologne d'en avoir fait autant ; mais il s'en faut bien que la responsabilité des ministres François et Polonois soit la même. Chez nous le ministre prévaricateur sera très-vraisemblablement puni s'il est

L'héritier du trône, dès qu'il sera parvenu à l'âge de raison, et qu'il aura prêté serment sur la constitution nationale, pourra assister à toutes les séances du conseil, mais il n'y aura point de voix.

Le maréchal de la diète, nommé pour deux ans, siègera aussi dans le conseil de surveillance, mais sans pouvoir entrer dans aucune de ses déterminations, et seulement afin de convoquer la diète censée toujours assemblée, dans les cas où il verroit une nécessité absolue de faire cette convocation ; si le roi s'y refusoit, pour lors ledit maréchal sera tenu d'adresser à tous les nonces et sénateurs une lettre circulaire dans laquelle il les engagera à s'assembler en diète, et leur détaillera tous les motifs qui nécessitent cette réunion. Les cas qui exigeront absolument la convocation de la diète ne pourront être que les suivans :

---

convaincu et arrêté ; mais en Pologne, qui jugera les accusations les mieux fondées ? Ce sera une députation choisie dans les états ; dans ce cas, le roi, par l'ordre duquel le ministre aura agi, soutiendra sa créature, et tout son parti la disculpera. En général je regarde comme impossible qu'aucune condamnation ait lieu tant que le roi aura intérêt à l'empêcher.

1º. Tous les cas urgens qui auroient trait au droit des nations , sur-tout celui d'une guerre voisine des frontières.

2º. Des troubles domestiques qui feroient craindre une révolution dans l'état, ou quelque collision entre les magistratures.

3º. Le danger d'une disette générale.

4º. Lorsque la nation se trouveroit privée de son roi , ou par la mort, ou par une maladie dangereuse.

Tous les arrêtés du conseil seront discutés par les divers membres qui le composent (1). Après avoir ouï tous les avis , le roi prononcera le sien , *lequel doit toujours l'emporter , afin qu'il règne une volonté uniforme dans l'exécution des loix*. En conséquence , tout arrêté du conseil sera décrété au nom du roi et signé de sa main : cependant il devra aussi être contre-signé par un des ministres siègeans au conseil ; et muni de cette double signature , il deviendra obligatoire et devra être mis à exécution , soit par les commissions , soit par toutes autres magistratures exécutrices ; mais seulement pour les objets qui ne sont point expressément exceptés par

-----

(1) A quoi peut servir la discussion d'un arrêté ?

la

la présente constitution. S'il arrivoit qu'aucun des ministres siégeans au conseil ne voulût signer l'arrêté en question, le roi devra s'en désister ; et dans le cas où il persisteroit à en exiger l'acceptation, le maréchal devra réclamer la convocation de la diète permanente, et la convoquera lui-même si le roi cherchoit à l'éloigner (1).

La nomination des ministres appartiendra au roi, aussi bien que le droit de choisir d'entre ces ministres celui de chaque département qu'il lui plaira admettre dans son conseil. Cette admission aura lieu pour deux ans, sauf le droit de confirmation, ce terme expiré, dévolu au roi. Les ministres qui auront place dans le conseil ne pourront siéger dans lescommissions. Si à la diète la pluralité dedeux tiers de voix secrètes des deux chambres réunies demandoient le changement d'un ministre dans le conseil ou dans telle autre magistrature, le roi devra sur-le-champ en nommer un autre en sa place (2).

____

(1) Tout cela est de la poudre aux yeux des sots. Il est imposible que le cas arrive dans un conseil choisi par le roi. Voyez l'art. suiv.

(2) Ceci n'est pas simplement de la poudre aux yeux

I

Voulant que le conseil soit tenu de répondre strictement de toute infraction qui pourroit avoir lieu dans l'exécution des loix, dont la surveillance lui est confiée , nous statuons que les ministres qui seront accusés d'une infraction de ce genre par le comité (1) chargé de l'examen de leurs opérations , seront responsables sur leurs personnes et leurs biens. Toutes les fois que de telles plaintes auront lieu , les états assemblés renverront les ministres accusés au jugement de la diète , et cela à la simple pluralité des voix des deux chambres , pour y être condamnés à la peine qu'ils auront

---

des sots; c'est encore un moyen que le roi se réserve pour faire renvoyer par la diète un honnête homme qui le gêneroit, si , par impossible , il s'en trouvoit un dans son conseil.

(1) Les comités sont en Pologne un moyen de mettre plus immédiatement entre les mains du roi la disposition absolue de toutes les affaires ; les membres en sont choisis à la pluralité, c'est à-dire, par le parti du roi ; et comme le choix tombe nécessairement sur des hommes déjà gagnés , il n'est plus besoin de nouvelles dépenses pour cet objet. Enfin, voilà le vœu d'Innocent XI accompli. Ce Pape disoit: *ah quando haveremo un re in polonia assoluto !*

méritée, laquelle sera proportionnée à leur prévarication, ou pour être renvoyés absous si leur innocence est évidemment reconnue (1).

Pour mettre d'autant plus d'ordre et d'exactitude dans l'exercice du pouvoir exécutif, établissons des commissions (2) particulières qui seront liées avec le conseil, et tenues de remplir ses ordres.

Les commissaires qui devront y siéger seront élus par les états assemblés, et rempliront, jusqu'au terme fixé par la loi, les fonctions attachées à leurs charges.

Ces commissions sont celles, 1°. d'éducation, 2°. de police, 3°. de la guerre, 4°. du trésor.

Les commissions du bon ordre que la présente diète a établies dans les palatinats seront de même soumises à la surveillance du conseil, et devront satisfaire aux ordres qu'elles recevront des commissions intermédiaires mentionnées ci-dessus, et cela respectivement aux objets relatifs à l'auto-

____

(1) Elle le sera à coup sûr

(2) Voyez pour les commissions la note (*page* 130) sur les comités.

rité et aux obligations de chacune d'entre elles.

V I I I.

Pouvoir judiciaire (1).

LE pouvoir judiciaire ne peut être exercé ni par l'autorité législative ni par le roi, mais par des magistratures choisies et instituées à cet effet. Ces magistratures seront fixées et réparties de manière qu'il n'y ait personne qui ne trouve à sa portée la justice qu'il voudra obtenir, et que le coupable voye par-tout le glaive du pouvoir suprême prêt à s'appésantir sur lui. En conséquence nous établissons;

1°. Dans chaque palatinat, terre et district, des jurisdictions en première instance,

---

(1) Comme nous ne faisons ici que l'examen de la constitution, et que la plupart des horreurs que nous aurions à relever sur cet article ne tiennent pas à la constitution, mais à l'immoralité des Polonois en général, à la stupidité de leurs gens de loi, au vice de leurs codes civils et criminels, et à l'arbitraire qui s'est glissé dans les formes, nous réservons ce que nous avons à dire à ce sujet pour le *tableau de la Pologne.*

composées de juges élus aux diètines ; lesquelles jurisdictions , dont le premier devoir
sera une vigilance non-interrompue, devront
être toujours prêtes à rendre justice à ceux
qui la réclameront. L'appel des sentences
qui y seront rendues se portera aux tribunaux suprêmes qui seront établis dans chaque
province , et composés de même de membres
nommés aux diètines. Ces tribunaux en première , comme en dernière instance , seront
réputés jurisdictions territoriales, et jugeront
toutes causes de droit et de fait , entre les
nobles ou autres possesseurs de terres , et
telles autres personnes que ce soit.

2°. Confirmons les jurisdictions munici-
pales établies dans toutes les villes , suivant
la teneur de la loi portée par la présente
diète , en faveur *des villes royales libres.*

3o. Voulons que chaque province séparément ait un tribunal appelé *référendorial*,
où seront jugées les causes des colons libres,
lesquels, en vertu des anciennes constitutions,
doivent ressortir à ces magistratures.

4o. Conservons dans leur ancien état nos
cours royales et assessoriales , celle de re-

lation, ainsi que celle qui est établie pour les procès des habitans du duché de Courlande.

5°. Les commissions exécutives tiendront des jugemens séparés pour toutes les causes relatives à leur administration.

6°. Outre les tribunaux pour les causes civiles et criminelles établis en faveur de toutes les classes de citoyens, il y aura un tribunal suprême désigné sous le nom de *jugement de la diète.* A l'ouverture de chaque assemblée des états, seront nommés par voie d'élection les membres qui devront y siéger. Ce tribunal connoîtra de tous les crimes contre la nation et le roi, c'est-à-dire, *des crimes d'état.* Voulons qu'il soit rédigé *un nouveau code civil et criminel,* par des personnes que la diète désignera à cet effet.

I X.

Régence.

Le conseil de surveillance ayant à sa tête la reine, et en son absence le primat, sera en même-temps le conseil de régence (1) ; elle ne pourra avoir lieu que dans les trois cas suivans : 1°. pendant la minorité du roi ; 2°. si une aliénation d'esprit constante mettoit le roi hors d'état de remplir ses fonctions ; 3°. s'il étoit fait prisonnier de guerre. La minorité du roi finira à l'âge de dix-huit ans révolus ; et sa démence ne pourra être regardée comme constante que lorsqu'elle sera déclarée telle par la diète permanente , à la pluralité de trois quatrièmes de voix des deux chambres réunies. — Dans ces trois cas , le primat de la couronne devra sur-le-champ convoquer les états de la diète ; et s'il différoit de s'acquitter de ce devoir, ce sera le maréchal de la diète qui sera tenu d'adresser à cet effet des lettres de convocation aux nonces et aux sénateurs. La diète permanente déterminera l'ordre dans lequel les ministres de-

---

(1) C'est sur-tout pendant la minorité des rois que les ambitieux se donnent carrière ; c'est sur-tout dans ces momens de troubles que l'exécution a besoin d'être surveillée ; mais si le conseil de surveillance devient pouvoir exécutif, qui le surveillera alors ? Le silence de la diète constituante sur cet objet ne seroit-il pas une espèce d'aveu du cas qu'elle fait de cette surveillance avec laquelle elle a voulu endormir les imbécilles ?

I 4

vront siéger au conseil de régence ; et autorisera la reine à remplir les fonctions du roi. Lorsque, dans le premier cas, le roi sortira de minorité ; que, dans le second, il aura recouvert la jouissance de ses facultés intellectuelles ; et que, dans le troisième, il sera rendu à ses états, le conseil de régence sera comptable envers lui de toutes ses opérations, et responsable envers la nation, sur la personne et les biens de chacun de ses membres, pour tout le temps de son administration ; et cela suivant la teneur de la constitution, à l'article du conseil de surveillance.

X.

Education des princes royaux.

Les fils des rois que la présente constitution destine à succéder au trône doivent être regardés comme les premiers des enfans de la patrie. Ainsi, c'est à la nation qu'appartient le droit de surveiller leur éducation, sans pourtant porter préjudice au droit de la paternité. Du vivant du roi, et tant qu'il régira par lui-même, il s'occupera de l'éducation de ses fils, de concert avec le conseil de surveillance et le gouverneur que les états auront préposé à l'éducation des princes. Pendant la régence, c'est à ce même conseil et à ce gouverneur que sera confiée leur éducation. Dans les deux cas, le gouverneur sera tenu de rendre compte à chaque diète ordinaire, et de la manière dont les jeunes princes seront élevés, et des progrès qu'ils auront faits. Enfin, il sera du devoir de la commission d'éducation de rédiger pour eux, sous l'approbation des états, un plan d'instruction ; et cela afin que, dirigés d'après des principes constans et uniformes, les futurs héritiers du trône se pénètrent de bonne heure des sentimens de religion, de vertu, de patriotisme, d'amour de la liberté, et de respect pour la constitution nationale.

X I.

Armée nationale.

La nation se doit à elle-même de se mettre en défense contre toute attaque qui pourroit porter atteinte à son intégrité (1) ; ainsi, tous

---

(1) Il y a plus de trois ans que la diète est assemblée, et dès les premiers jours on décréta une ar-

les citoyens sont les défenseurs nés des droits
de la liberté de la nation. Une armée n'est
autre chose qu'une partie détachée de la
force publique, soumise à un ordre plus régulier, et toujours en état de défense. La
nation doit à ses troupes, et son estime, et
des récompenses proportionnées à leur dévouement pour la défense de l'état : les
troupes doivent à la nation de veiller à la
sûreté de ses frontières ainsi qu'au maintien
de la tranquillité publique ; en un mot, elles
doivent être le bouclier le plus ferme de la
république ; mais afin qu'elles ne puissent ja-

---

mée de cent mille hommes ; le décret obtint une approbation générale, mais l'armée polonoise ne se monte
pas encore à 30 mille hommes. Outre la difficulté de
faire des recrues, dans un pays aussi mal peuplé que
la Pologne, on est encore arrêté par une considéra-
ration singulièrement importante ; c'est que l'on ne sait
comment les payer. Les impôts, que l'on ne fait guères
payer qu'aux bourgeois, ne sont pas à beaucoup près
suffisans pour les dépenses ordinaires. On avoit affecté
en partie l'impôt du timbre à la solde des troupes,
mais on a encore pris sur cet objet les honoraires des
juges assessoriaux et autres, de façon que l'on n'est guères
plus avancé qu'auparavant ; enfin on a décrété un impôt territorial, et ordonné de prélever un dixième
sur toutes les terres de la Pologne et de la Lithuanie.

mais s'écarter de l'objet de leur destination, elles doivent être constamment subordonnées au pouvoir exécutif, conformément aux règlemens qui seront portés à cet égard ; en conséquence, elles seront tenues de faire à la nation et au roi serment de leur rester fidèles, et d'être les premiers défenseurs de la constitution nationale. D'après cela, les troupes peuvent être employées pour la défense de l'état en général, et celle des frontières et forteresses, ou pour seconder la

---

On a si bien estimé les terres des différens propriétaires, que cet impôt n'a pas produit cinq millions de notre monnoie, dans un pays plus grand que la France et sur des terres plus généralement bonnes. On avoit une ressource, celle de vendre les starosties, ou, comme plusieurs le proposoient, de les affermer par licitation ; jamais position plus critique, jamais plus belle destination ne commanda peut-être une opération plus juste ; mais le roi n'ayant plus dans ce cas à sa disposition les récompenses nombreuses qu'il destine à ses créatures, cette proposition eut le sort de toutes celles qui blessent les intérêts du roi ; elle éprouva les plus vives oppositions, et ne passa enfin que parce que le roi n'avoit pas osé se déclarer ouvertement contre un projet auquel on ne pouvoit rien opposer de raisonnable.

force exécutrice dans les cas d'infraction aux loix, de la part de qui que ce soit.

Telle est en somme la nouvelle constitution de Pologne, tel est l'ouvrage que le mercure de France propose à notre admiration (1). Lorsque la lecture en fut finie, le maréchal de la diète prit la parole.

« La journée d'aujourd'hui, dit-il, nous
» a évidemment prouvé les intentions de
» Sa Majesté, et combien elle a à cœur
» d'établir pour toujours l'indépendance
» et la liberté de la nation. Autant que mes
» courtes lumières me permettent de por-
» ter un jugement sur l'essence d'un gou-

---

(1) Le mercure de France, dans son numéro 37, 1790, art. Varsovie, 20 août, s'est expliqué sur le compte du roi et du comité de constitution d'une manière qui ne permettoit guères de présager les caresses qu'il leur a prodiguées depuis ; il est à présumer que l'on s'est arrangé avec le rédacteur pour ne plus avoir à craindre de pareilles sorties. Au reste, le roi ne s'en rapporte pas tellement aux autres du soin de le louer, qu'il ne s'en occupe un peu lui-même. On a imprimé à Varsovie un éloge de ce prince, qui a d'abord été attribué à M. *Tingoburski* ; mais la pureté du style et les grâces de la diction ont trahi, malgré l'anonyme, la modestie du monarque auteur.

» vernement républicain , je ne puis voir
» dans le projet qui vient de nous être
» lu , que des avantages pour la patrie ,
» et mon devoir est de le lui recommander.
» Deux gouvernemens républicains au-
» jourd'hui existans se présentent à nos
» yeux, l'Anglois et l'Américain; celui qu'on
» nous a proposé les snrpasse tous deux ,
» (*magister dixit*) il nous assure liberté ,
» sûreté et indépendance. Sire , je vous
» conjure de vous unir à nous pour faire
» passer cette nouvelle forme de gouver-
» nement et assurer par-là le bonheur des
» générations futures ».

A ce discours éloquent , à ces preuves de l'excellence de la nouvelle forme cons-titutionnelle , et de sa supériorité *sur ces gouvernemens Anglois et Américain*, le roi répondit :

« J'ai juré d'observer les *pacta conventa*,
» je tiendrai ma parole ; je ne trouve rien
» que d'utile à l'état dans le projet qu'on
» vient de lire , mais je desire être dégagé,
» par les états, de l'article de mes enga-
» gemens qui concernent la succession au
» trône. Si cela arrive, je m'écrierai de bon
» cœur avec vous : *que béni soit le jour où*

» *ce projet a passé en loi* ! j'ose même es-
» pérer que ce jour fortuné est arrivé ; je
» prie que cela soit ainsi, que quiconque aime
» sincérement sa patrie s'unisse à moi et
» m'aide à faire écouter ma prière; j'ai répété
» plus d'une fois et je le répèterai jusqu'à la
» mort : *le roi doit être uni à la nation, et*
» *la nation au roi* ».

Voilà un de ces adages politiques que les *démophages* ont sans cesse à la bouche, et qui figure merveilleusement à la fin de cette farce ridicule.

Plusieurs voix voulurent encore s'élever contre le projet proposé , mais toutes furent étouffées par les vociférations des conjurés ; le roi mit fin à la discussion par un beau mouvement oratoire , il se leva et dit : *allons rendre grace à Dieu du succès de cette heureuse journée ;* il fut suivi par tous ceux qu'il avoit gagnés : on chanta un *Te Deum* ; le roi, voyant un peuple immense attroupé dans le château , fit ouvrir une fenêtre , assura messieurs les bourgeois qu'on venoit de travailler à leur bonheur ; des cris de vive le roi se firent entendre de tous côtés , et des couriers furent dépêchés dans toutes les cours pour annoncer la ré-

génération et le bonheur de la nation Polonoise.

Il seroit inutile de discuter plus au long
les vices de cette prétendue révolution. Si
l'on a lu avec attention cette forme constitutionnelle, je défie que l'on dise en quoi
les bourgeois et le paysan sont plus heureux
qu'ils ne l'étoient avant ; s'ils n'ont rien
perdu, c'est qu'ils n'avoient rien à perdre ;
et l'on peut même assurer qu'en pareil cas,
c'est perdre que de ne rien gagner ; car les
dissensions et les guerres intestines que cet
ordre de choses prépare rend impossible
pour long-temps une véritable révolution.
Je ne crois pas que l'on puisse avancer sérieusement que l'ennoblissement de quelques bourgeois soit un bien pour la bourgeoisie (1) ; la noblesse elle-même n'a certainement rien gagné à cette révolution,
puisque, comme on l'a vu, les nouvelles

---

(1) Un bourgeois auvergnat, marchand à Varsovie,
regrettoit un jour très-énergiquement l'argent qu'on
lui avoit fait donner pour l'acquisition de sa patente
de gentilhomme : *j'avions bien besoin*, disoit-il, *qu'on
nous fasse gentilhomme, je me serois retiré deux ans plutôt sans ma nouvelle dignité.*

dispositions mettent tous les pouvoirs entre les mains du roi et de ses nouveaux favoris. Il est clair que désormais le crédit de la cour écartera des diètes tout ce qui ne lui sera pas dévoué. Quant aux dettes que le roi a contractées pour corrompre les nonces, ou il ne les paiera jamais, ou, ce qui est plus probable, les états termineront leurs opérations par cette dernière infamie. On représentera que le soin de soutenir des nonces pauvres, pendant une diète aussi longue, a engagé le roi dans des dettes qu'il n'est pas juste de laisser à sa charge, et que la république doit les payer. Ainsi les peuples supporteront encore les dépenses des fers qu'on leur a forgés. Il est d'autant plus naturel de présumer cette opération, que les agens du roi eux-mêmes se servent de cette amorce pour flatter ceux à qui l'on emprunte tous les jours au nom du prince.

Quand la constitution ne porteroit pas en elle-même le germe de sa dissolution, il n'est pas possible de ne la pas voir très-prochaine, d'après les dispositions des puissances environnantes. Sans les inquiétudes que donnent à ces puissances les nouvelles opérations des François, déjà peut-être la Pologne

logne seroit le théâtre d'une affreuse guerre civile. Les Polonois, asservis depuis long-temps à la Russie, se sont lâchement déchaînés contre elle lorsqu'ils l'ont cru perdue. Ils se sont sottement livrés à la Prusse, qui jamais ne pourra ni ne voudra les défendre contre la Russie, qu'elle a trop de sujets à ménager; à la Prusse, contre l'ambition de laquelle la Russie seule pouvoit les défendre ; ils ont également bravé l'Empereur, parce qu'il avoit fait une campagne malheureuse, et qu'ils le crurent sans ressource ; ils ont indisposé la Prusse elle-même par le refus qu'il a fallu faire d'accéder à des demandes que l'on auroit dû prévoir, et par les tentatives aussi inutiles que mal-adroites qu'ils font tous les jours pour soustraire leur commerce à l'avide tyrannie des douanes de la Prusse, qui va incessamment leur couper la ressource de la Vistule. Ils ont choisi pour roi un prince qui ne veut pas l'être, et qui, de concert avec les trois puissances dont nous venons de parler, les amuse et les empêche de prendre un parti quelconque. Du moment où les négociations que l'on vient d'entamer à Dresde se-

K

ront reconnues inutiles et sans espérance ; (ce que tous les gens sensés regardent comme certain) cette partie de l'édifice venant à croûler , nous osons défier le génie le plus inventif d'imaginèr un expédient propre à les tirer d'affaire. Ils ne verront qu'ennemis au-dehors , que trouble et discorde au-dedans ; dans une pareille position , où seront leurs ressources ? Si leurs voisins dédaignent de les attaquer , en seront-ils plus avancés ? il suffira que les mécontens rassemblés à Jassi se montrent pour voir leur parti se grossir d'une manière effrayante ; si ces mécontens ont le bon esprit d'affranchir leurs paysans et de leur promettre leurs terres en fermes ; s'ils offrent les mêmes conditions à ceux qui se joindront à eux , on verra les conjurés ouvrir les yeux sur les suites méritées de leurs manœuvres ; on verra leurs trente mille hommes se débander , leurs paysans les abandonner , et les états recourir à la médiation de ces mêmes puissances qu'ils ont bravées et insultées.

Nous n'avons supposé tout ceci que dans le cas où les voisins laisseroient faire les Polonois ; mais il est certain que s'ils s'en mêlent ; tout sera réglé infiniment plus vîte.

A tous ces malheurs, dont une grande partie est au moins très-possible, voici quels raisonnemens opposent les Polonois.

1º. Nos voisins ne partageront pas notre pays ; car ce nouveau partage seroit affreux, et révolteroit toutes les ames honnêtes.

2º. Les autres puissances de l'Europe ne le souffriroient pas.

3º. Rien de si facile que de réunir la Courlande à la Pologne, et d'acquérir par-là sur la Baltique des ports qui nous mettront en état de nous passer de la Prusse.

4º. Dans le cas où cela manqueroit, nous ferons un traité de commettre avec les Turcs, et en leur donnant Kaminiek dont ils ont toujours eu si grande envie, ils nous céderont quelque port sur la mer Noire.

Voilà jusqu'où va le génie politique des Polonois ; ils ne conçoivent pas qu'on puisse les arrêter. Lorsque le comte Potocki, ambassadeur à Constantinople, eut reçu ordre de négocier un traité de commerce avec les Turcs, il apprit que le ministre Prussien le traversoit ; aussi-tôt il mande cette nouvelle aux états ; on est dans le plus grand étonnement d'apprendre que le ministre d'un prince aussi loyal que le roi de Prusse, qui les appèle *ses amis*, ait le front de les traverser dans leurs opérations politiques. On se plaint au cabinet prussien, qui répond que la nouvelle est incroyable, mais qu'on va s'en informer ; et que le ministre, s'il est coupable, doit s'attendre à toute l'indignation de son maître. Le ministre est encore à Constantinople, et le traité de commerce remis à des temps plus heureux.

Un peuple nombreux, doué de plus d'énergie, moins présomptueux et mieux uni, auroit sans doute beaucoup de peine à se tirer de l'état affreux où se trouve plongée la Pologne ; mais qu'attendre de ces magnats qui n'ont que de l'orgueil ; de cette noble populace qui n'a que sa bassesse et ses vices à opposer aux armées nombreuses qui peuvent l'environner en huit jours ; qu'espérer de cette bourgeoisie de nouvelle création qu'une cupidité mercantile a attirée en Pologne, et qui la quittera dès que cette cupidité manquera d'alimens ? que demander à ces cinq à six

millions d'esclaves, dont tout le vœu est ou
devroit être un bouleversement total du
globe où ils ne peuvent perdre que leur
misère (1) ?

*Me feront-ils porter double bât, double
charge ?* voilà ce que dira le paysan à celui
qui voudra lui faire prendre les armes ; et
s'il les prenoit, cela seroit à peu-près égal.
On défend mal la chose d'un autre, quand
cet autre est notre ennemi et que l'on trouve
une occasion de se venger.

On prétend que le vœu des mécontens est
de faire revenir le règne de ces douze palatins dont parle l'histoire de Pologne, et
que plusieurs rangent dans la classe des
fables ; on assure que les grands propriétaires voudroient se partager la Pologne,
gouverner chacun à leur manière, et se
mettre sous la protection de la puissance
qui leur conviendroit. Dans des temps plus
heureux, ce projet seroit sans doute celui
d'un mauvais citoyen ; mais aujourd'hui que

____

(1) Tout est perdu, dit l'abbé Coyer, quand le
peuple ne peut s'élever que par un bouleversement
général.

Hist. de Sob.

K 2

les nobles de Pologne doivent sentir qu'ils ne sont pas faits pour être jamais unis, ce même projet sera peut-être le seul praticable si les voisins s'en accommodent.

Une source de vraie prospérité, un moyen de cicatriser promptement les plaies de la république, seroit, sans contredit, d'accorder la liberté aux paysans. Plusieurs seigneurs Polonois ont fait quelques essais de ce genre sur une partie de leurs terres, et cet essai leur a prouvé que leur intérêt, bien entendu, appuyoit à cet égard les réclamations de la justice et de l'humanité ; mais l'intérêt même chez les Polonois cède aux sentimens despotiques qu'ils portent dans le cœur ; ces hommes moins avilis ne seroient plus leurs sujets, et les seigneurs n'auroient plus l'infâme plaisir *de tyranniser*, *de battre*, *de régner*.

Quelques écrivains nous assurent que les paysans Polonois ne sont pas aussi à plaindre qu'on l'imagine, et accusent les étrangers d'exagérer le malheur de leur situation ; je vais opposer à ces écrivains une autorité que personne ne récusera sans doute, celle du grand Stanislas, dont les vertus et l'humanité déplurent aux Polonois au point que ce prince adorable fut obligé de les apporter en Lorraine, où il fut libre enfin de satisfaire son plus doux penchant, celui de mériter l'amour et les bénédictions d'un peuple reconnoissant. Voici comment ce prince s'exprime sur le compte des paysans Polonois.

« Les violences que les patriciens de Rome
» exerçoient sur le peuple de cette ville,
» avant qu'il eût eu recours à la force
» ouverte, et que par l'autorité de ses tri-
» buns il eût balancé le pouvoir de la no-
» blesse, sont une image sensible de la dureté
» avec laquelle nous traitons nos plébéiens.
» Encore cette portion de notre état est-elle
» plus avilie parmi nous qu'elle ne l'étoit
» chez les Romains, où elle jouissoit d'une
» espèce de liberté, même dans les temps
» où elle étoit le plus asservie au premier
» ordre de la république.

» **On** peut dire avec vérité que le peuple
» est dans une extrême humiliation en Po-
» logne ; on doit cependant le regarder
» comme le principal soutien de la nation ;
» et je suis persuadé que le peu de cas que
» l'on en fait pourroit avoir des suites très-
» dangereuses.

K 4

» Qui est-ce en effet qui procure l'abon-
» dance dans le royaume ? qui est-ce qui en
» porte les charges et les impôts ? qui est-ce
» qui fournit des hommes à nos armées,
» qui laboure nos champs, qui coupe nos
» moissons, qui nous substante, nous nour-
» rit, qui est la cause de notre inaction,
» le réfuge de notre paresse, la ressource
» dans nos besoins, le soutien de notre luxe,
» et en quelque sorte la source de tous
» nos plaisirs ? N'est-ce pas cette même po-
» pulace que nous traitons avec tant de ri-
» gueur ? Ses peines, ses sueurs, ses travaux
» ne méritent-ils donc que nos dédains et nos
» rebuts ? et s'ils n'étoient point, ne serions-
» nous pas obligés de nous plier, de nous
» assujétir nous-mêmes à toutes les pénibles
» fonctions où leur naissance, leur état, leur
» pauvreté les engage ? Des hommes si né-
» cessaires à l'état devroient y être considérés
» sans doute ; mais à peine les distinguons-
» nous des bêtes qu'ils entretiennent pour
» la culture de nos terres. Souvent nous
» ménageons moins leurs forces que celles
» de ces animaux ; et trop souvent, par un
» trafic scandaleux, nous les vendons à des

» maîtres aussi cruels, et qui bientôt, par
» un excès de travail, les forcent à leur payer
» le prix de leur nouvelle servitude.

» Je ne puis sans horreur rappeler ici cette
» loi qui n'impose qu'une amende de quinze
» francs à tout gentilhomme qui aura tué un
» paysan. C'est à ce prix qu'on se rachète
» dans notre nation des rigueurs de la jus-
» tice, qui, par-tout ailleurs, conformément
» à la loi de dieu, et ne faisant acception de
» personne, condamne à mort tout homme
» coupable de mort. La Pologne est le seul
» pays où la populace soit comme déchue
» de tous les droits de l'humanité. Nous
» voyons cependant les nations voisines
» attentives à ménager cette portion de leur
» état : le peuple y jouit de la liberté. L'An-
» gleterre, la Suède, la Hollande, la Suisse,
» plusieurs autres républiques lui donnent
» part dans le gouvernement ; nous seuls
» nous les regardons comme des créatures
» d'une autre espèce, et nous leur refuse-
» rions presque le même air qu'il respirent
» avec nous.

» Il vrai que selon la constitution de
» notre royaume, nous pouvons nous passer

» de leurs conseils et ne pas les admettre
» dans nos congrés ; mais leur secours nous
» est nécessaire , et par cela même nous
» ne devrions point les traiter avec tant de
» cruauté. Est-il en effet aucune loi qui puisse
» autoriser le joug terrible que nous leur
» avons imposé ?

» Dieu en créant l'homme lui donna la
» liberté : quel droit a-t-on de l'en priver, à
» moins que ce ne soit par la loi des armes,
» par l'autorité que prend la justice sur
» des criminels , ou par la nécessité de
» réprimer des accès de folie dans un
» homme privé de raison ? Quoi donc !
» parce que certains hommes ont le mal-
» heur d'être nés nos sujets, sommes-nous
» dispensés d'observer à leur égard cette
» première règle de la justice , qui est le
» fondement de toutes les sociétés : *suum*
» *cuique* ? Les droits de maître et de sei-
» gneur nous autorisent-ils à les excéder de
» peines et de fatigues ; et après en avoir
» exigé des corvées presque au-dessus de
» leurs forces, pouvons-nous leur enlever
» tout ce qu'ils ont pu gagner d'ailleurs
» pour leur entretien et celui de leur fa-

» mille ; et cela par un travail qu'ils ont
» su soustraire à notre avarice et à notre
» cruauté ?

» Mais après avoir examiné ce que la
» conscience nous dicte envers cette foule
» de malheureux que nous opprimons sans
» cesse , voyons s'il est même de la bonne
» politique de les tenir dans cette austère
» dépendance qui fait notre joie et leur
» malheur : à mon avis , il en peut naître
» deux grands préjudices à l'état.

» 1°. Comme il est naturel de secouer un
» joug rude et pesant , ne peut-il pas ar-
» river que ce peuple fasse un effort pour
» s'arracher à notre tyrannie ? C'est à quoi
» doivent le mener tôt ou tard ses plaintes
» et ses murmures ; jusqu'à présent, accou-
» tumé à ses fers, il ne songe point à les
» rompre : mais qu'un seul de ces infortunés,
» esprit mâle et hardi, vînt à concerter, à
» fomenter leur révolte , quel digue assez
» forte pourroit-on opposer à ce torrent ?
» par combien de ravages affreux ne mar-
» queroit-il point son passage ? et pourroit-on
» prévoir la fin de tous les maux dont il
» seroit capable d'inonder la république ?

» Nous en avons un exemple récent dans

» le soulèvement de l'Ukraine : il ne fut
» occasionné que par les vexations de ceux
» d'entre nous qui y avoient acquis des do-
» maines. Nous méprisions le courage des
» pauvres habitans de cette contrée : ils trou-
» vèrent des ressources dans leur désespoir ;
» et rien n'est plus terrible que le désespoir
» de ceux mêmes qui n'ont point de courage.
» 2°. Quel est l'état où nous avons ré-
» duit le peuple de notre royaume ? Abruti
» par sa misère, il traîne ses jours dans
» une indolence stupide qu'on prendroit
» presque pour un défaut de sentiment. Il
» n'aime aucun art ; il ne se pique d'au-
» cune industrie ; il ne travaille qu'autant
» que la crainte des châtimens le force de
» travailler. Convaincu qu'il ne pourroit
» point jouir du fruit de son génie, il
» étouffe lui-même ses talens, et il n'es-
» saie même pas de les connoître : de - là
» cette affreuse disette où nous sommes
» d'artisans les plus communs ; et faut - il
» s'étonner que nous manquions des choses
» même les plus nécessaires, dès que ceux
» qui devroient nous les fournir ne peu-
» vent espérer aucun profit des soins qu'ils
» prendroient pour nous satisfaire ? Ce n'est

» que dans la liberté que se trouve l'ému-
» lation , et la nécessité ne s'évertue qu'au-
» tant qu'elle entrevoit une ressource à ses
» besoins. Il semble que la providence ait
» compensé ses dons , pour mettre une es-
» pèce d'égalité dans les diverses conditions
» des hommes. Aux uns elle a donné la
» naissance et le pouvoir , aux autres une
» heureuse capacité qui les dédommage
» des distinctions qu'elle leur a refusées.
» Ceux-là seroient trop vains s'ils possé-
» doient tout-à-la-fois les talens et les ri-
» chesses ; et ceux-ci trop malheureux si par
» les dons de l'esprit ils ne pouvoient re-
» lever la bassesse de leur fortune. Ainsi, les
» grands et les petits vivent dans une dépen-
» dance mutuelle les uns des autres; le noble
» est forcé d'avoir recours à l'industrie du
» roturier , et le roturier n'a d'autre fonds
» pour subsister que les besoins du noble.

» Nous devons donc autant estimer le
» mérite de l'artisan , quelque bas , quel-
» que humiliant qu'il paroisse , que l'ar-
» tisan fait cas des avantages que nous
» pouvons lui procurer. Sans ce retour
» réciproque tout tombe dans un état, et
» l'on n'y voit , ainsi que dans le nôtre ,

(158)

» ni sagacité, ni invention , ni commerce, ni
» aucun des secours nécessaires , ou pour
» l'ornement , ou pour les besoins de la
» vie.

» Il ne suffit pourtant pas d'avoir fait
» sentir le tort que nous nous faisons à
» nous-mêmes et à tout le royaume par les
» duretés que nous exerçons sur le peuple :
» il reste à démontrer que rien n'est plus
» frivole que les avantages que nous nous
» imaginons retirer de l'esclavage où nous
» le tenons.

» Je déclare donc d'abord que je ne pré-
» tends point déroger aux droits ordinaires
» des seigneurs sur leurs vassaux ; mais je
» soutiens qu'on ne trouvera nulle part un
» souverain , à moins qu'il ne soit un
» tyran décidé , qui fasse ôter la vie à son
» sujet de sa propre autorité et sans le mi-
» nistère de ceux qu'il a établis pour l'ad-
» ministration de la justice. Que voit-on
» cependant parmi nous ? Un noble y con-
» damne son sujet à la mort , quelquefois
» sans cause légitime , plus souvent sans
» procédure et sans formalité ; ou s'il a
» recours à une instruction juridique, quelle
» est-elle dans le fonds ? quels juges donne-

» t-il au prévenu ? rejète-t-il les ignorans ?
» ne choisit-il que les plus intègres ? ne
» veut-il point des ministres de ses passions,
» ou des complices de ses fureurs, plutôt que
» des gens esclaves de leur honneur et
» de leur conscience ?

» S'il est vrai que le droit du glaive n'ap-
» partient qu'à tout le corps de l'état, quel
» préjudice peut recevoir un gentilhomme,
» s'il laisse à l'état dont il est membre, le
» soin d'user de ce droit ? La part qu'il y a en
» effet lui donne-t-elle le pouvoir de se l'attri-
» buer sans réserve ? et n'est-ce pas assez pour
» lui qu'il le partage avec la république ;
» qu'il ne l'exerce qu'au nom de tous ceux
» qui la composent ? D'ailleurs n'est-il pas
» lui-même dans une dépendance immédiate
» de cette république, dont il veut s'ap-
» proprier la suprême autorité ; et si elle
» a la puissance du glaive sur lui, pour-
» quoi ne l'auroit-elle pas sur des hommes qui
» sont bien plus ses sujets qu'ils ne le sont
» d'aucun des particuliers qui prétendent
» les juger en maîtres souverains de leur
» destinée ?

» Il seroit donc du bon ordre que les
» seigneurs dans leurs terres eussent un

» tribunal où ressortiroient en première
» instance les causes de leurs sujets , et
» que ceux - ci pussent appeler de ce tri-
» bunal à ceux que nous nommons *judicia*
» *castrensia* : ces derniers sont autorisés
» par la république , et il est à présumer que
» la justice y est administrée avec sagesse
» et discernement.

» Il est vrai que l'ordre équestre ne
» voudra peut - être point qu'on accorde
» aux paysans la liberté de décliner la
» jurisdiction de leurs maîtres , et de
» déférer leurs causes à des juges ab-
» solus et indépendans ; mais ne peut-on
» pas établir dans une république ce qui
» est d'usage dans les royaumes même
» où l'on se pique le plus d'une aveu-
» gle soumission aux ordres d'un souve-
» rain , et où le moindre sujet qui se croit
» lésé intente un procès à son roi , de-
» mande justice aux parlemens , et l'obtient
» des ministres mêmes établis pour soute-
» tenir les droits du prince ? A la bonne
» heure qu'un gentilhomme de nos états
» soit le maître de ses sujets ; mais
» qu'il daigne considérer que le pouvoir
» qu'il a sur eux n'est qu'une émanation
» de

» de celui de la république , et qu'il ne
» perd rien en lui remettant le soin de les
» punir. Son autorité croît par cette plé-
» nitude de puissance qui réside dans
» l'état , et qui seule est le soutien et la
» source de ses privilèges. Et peut-il déro-
» ger aux droits de la liberté , en les exer-
» çant avec la nation qui les met à l'abri de
» toute atteinte , et qui les renforce par les
» suffrages de tous ceux qui ont part à la
» souveraineté ?

» Je dois encore faire remarquer ici ce
» que l'expérience nous montre tous les
» jours , que l'esclavage de nos sujets cause
» la désolation de nos campagnes.

» Je suppose qu'un paysan né mon sujet
» se soit établi chez mon voisin , sous l'es-
» poir d'un traitement moins rude : je le
» trouve , je le révendique , on me le rend.
» Mais je fais tort à son nouveau maître ,
» qui ne l'eût point reçu s'il n'en eût eu
» besoin , et je ruine mon sujet, que j'ar-
» rache à une heureuse situation pour le
» remettre dans son premier état d'indi-
» gence.

» Je suppose encore qu'un gentilhomme
» ait un village si chargé d'habitans , que

» les terres qui en dépendent ne puissent
» pas fournir à leur entretien , et que son
» voisin, au contraire, ait beaucoup plus de
» terres que d'hommes pour les cultiver :
» que s'ensuit-il de cette inégalité ? c'est
» que le nombre de sujets sans terrein
» est aussi inutile à l'état , qu'un grand
» terrein sans sujets qui le fassent produire.
» De-là vient qu'on trouve dans nos pays
» tant de cantons incultes. La république
» en souffre et le propriétaire encore plus.
» Celui-ci manque de sujets , et il n'ose
» débaucher ceux des autres seigneurs ,
» qui les lui redemanderoient par un vain
» point d'honneur , même dans le cas où
» ils devroient leur être à charge.

» Il est vrai que des paysans étrangers
» pourroient suppléer aux nôtres ; mais le
» moyen de les attirer dans un pays où
» *tout leur sang, si j'ose ainsi le dire, ne*
» *suffiroit pas à assouvir l'avarice de ceux*
» *qu'ils auroient à servir, et où l'escla-*
» *vage seroit peut - être le moindre des*
» *maux que leur feroient souffrir leurs nou-*
» *veaux maîtres?*

» Concluons, et disons que l'état en gé-
» néral, et l'ordre équestre en particulier ,

» trouveroient infiniment plus d'avantage à
» suivre exactement ce qui se pratique à
» l'égard du peuple dans les autres nations.
» Un seigneur *y contracte avec un paysan,*
» *et lui loue ses terres moyennant une*
» *redevance en argent ou en fruits, que*
» *celui-ci s'engage de lui payer tous les*
» *ans* ; il ne reste à ce seigneur d'autres
» soins que de veiller sur la conduite de
» son fermier pour qu'il soit toujours en
» état de lui payer le prix de son héritage ;
» il lui laisse d'ailleurs toute la liberté né-
» cessaire de négocier à son profit, d'aug-
» menter ses biens , d'établir sa famille ;
» et , le bail fini , de se transporter par-
» tout où l'appèlent ses besoins et le desir
» d'une plus grande fortune.

   » Ce même usage nous rendroit sans
» doute et plus riches et plus heureux ; si,
» en cessant de contraindre nos sujets ,
» nous venions à en perdre quelques uns ,
» il nous seroit aisé d'en acquérir d'autres :
» et pourrions-nous en manquer, si nous
» nous étions fait une loi de n'exiger d'eux
» d'autres services que ceux qu'ils nous
» devroient légitimement, de les traiter
» avec douceur et équité , et de ne plus

» leur faire éprouver ces cruelles vexations,
» dont ils voudroient à tout moment se ra-
» cheter par la perte de nos biens, et peut-
» être par celle même de notre vie ? Cette
» abolition totale de la servitude peupleroit
» nos déserts. Nous en avons l'exemple dans
» quelques provinces du royaume, où l'on dis-
» tingue aisément, à l'affluence du monde,
» un village habité par des personnes li-
» bres , d'avec ceux qui ne le sont que
» par des paysans esclaves.

» C'est une chose presque inconce-
» vable , qu'un pays aussi fertile et aussi
» abondant que le nôtre dans toutes les
» espèces de productions de la nature
» renferme , à proportion de sa vaste éten-
» due, un si petit nombre d'habitans ; aussi
» nous reste-t-il la quatrième partie du
» royaume à défricher. Nous n'avons d'ail-
» leurs ni manufactures, ni trafic, ni né-
» goce ; et les grosses rivières qui tra-
» versent nos états , le voisinage même de
» la mer , nous offrent en vain des trans-
» ports aisés pour faire un commerce que
» nous abandonnons à d'autres peuples.

» De-là cette étonnante rareté de l'ar-
» gent, et la difficulté de fournir aux sub-

» sides du royaume : de-là cette triste mo-
» dicité de biens dans presque toutes les
» maisons des nobles ; mais si chacun
» d'entr'eux , déchargé du soin d'entre-
» tenir ses sujets , leur assuroit leur vie
» et le fruit de leurs travaux , tout pren-
» droit dans l'état une face nouvelle.

» Cet esclave dont l'esprit s'est affaissé
» sous le poids du joug qu'il porte dès sa
» naissance : cet homme si lourd et d'une
» conception si lente , trouveroit bientôt
» le secret de gagner sa vie et les moyens
» même de s'enrichir. On verroit la Po-
» logne devenir une espèce de marché pu-
» blic pour toutes les nations qui nous en-
» vironnent : elles se hâteroient de nous
» apporter tout ce qui nous manque , nous
» leur cèderions avec joie tout ce qui nous
» est inutile ou superflu. On ne verroit
» plus l'herbe croître dans nos villes et
» dans nos bourgades , et il faudroit peut-
» être les agrandir pour une génération
» d'hommes nouveaux qui, sans attendre
» la fin de celle qui lui auroit donné la
» vie , paroîtroit tout d'un coup dans le
» sein de l'abondance qui auroit contribué
» à sa production. Nous n'aurions plus

» la honte de voir nos édifices publics
» tomber en ruine ; nous n'aurions plus à
» rougir de l'indigence de nos bourgeois ,
» de l'ignorance de nos ouvriers, d'aucun
» des désordres de notre mauvaise police ;
» et peut-être tel de nos vassaux négocie-
» roit un jour pour des sommes plus consi-
» dérables que n'en rapporte aujourd'hui
» tout le domaine de l'état.

» J'ai peut-être tort de porter mes vues
» si loin ; mais il est toujours certain qu'en
» cessant d'opprimer le péuple, en le pro-
» tégeant, en lui ouvrant l'entrée aux tri-
» bunaux qui lui rendroient justice , l'état
» deviendroit plus florisant. Sans passer les
» mers pour acquérir des richesses, nos
» villes seroient les ports où nous irions
» échanger , débiter nos denrées; c'est-là
» véritablement où se rendent nos paysans;
» mais ils n'y vont point pour eux-mêmes,
» ils n'ont que la peine et l'embarras du
» transport ; et trop souvent ils sont punis
» de la vilité du prix où la fertilité d'une
» saison les force de laisser les fruits qu'ils
» apportent.

» Qu'ils jouissent d'une partie de nos im-
» munités, l'état n'aura peut-être point de

» membres plus utiles ; qu'ils puissent s'unir
» entr'eux par un trafic mutuel ; qu'ils n'aient
» plus à craindre les vexations de leurs maî-
» tres, les insultes des soldats, les mépris,
» les outrages de la noblesse ; qu'ils aient
» des morceaux de terre et des maisons où
» ils puissent vivre en sûreté ; qu'ils puissent
» laisser en héritage à leurs enfans les ac-
» quisitions qu'ils auront faites : alors, nous
» croirons vivre dans une autre terre et sous
» un autre ciel. Leur industrie embellira
» chez nous toute la face de la nature ; nous
» reprendrons des forces par l'accroissement
» de nos finances ; nos armées plus nom-
» breuses et mieux payées nous feront res-
» pecter de nos voisins ; les étrangers, char-
» més de la fertilité de nos climats, viendront
» l'augmenter par leurs talens ; ils feront
» hausser le prix de nos terres ; ils grossi-
» ront le capital de la nation ; et si, malgré
» notre négligence à cultiver nos terres, nous
» sommes même dès-à-présent en possession
» de fournir, par nos blés, la subsistance à
» plusieurs pays de l'Europe, combien plus
» serons-nous alors en état de subvenir à
» leurs besoins, et de faire passer chez nous
» une partie de leurs richesses.

L 4

» Ce n'est pas tant néanmoins par les avan-
» tages qui doivent revenir à la république
» et à chacun de ses membres, des égards
» qu'on aura pour le peuple, que nous de-
» vons nous déterminer à le traiter avec
» plus d'indulgence et de douceur : un plus
» noble motif doit nous y engager.

» C'est si peu de chose qui nous met au-
» dessus de nos sujets, qu'il est honteux à
» nous de nous énorgueillir de notre éléva-
» tion et de leur bassesse. Rien n'est grand
» ici bas que par comparaison ; c'est toujours
» le malheur d'une portion des hommes qui
» rehausse et fait éclater le bonheur de l'autre.
» Nous ne paroissons riches, puissans, res-
» pectables, que par l'indigence, la foiblesse,
» l'avilissement du paysan. Nous lui devons,
» pour ainsi dire, toute notre grandeur, et
» nous ne serions presque rien s'il n'étoit
» au-dessous de ce que nous sommes.

» Il ne tenoit qu'à la providence de nous
» assujétir à ceux que nous maîtrisons. Sans
» doute elle a voulu donner à ceux-ci le
» moyen de mériter par leur résignation,
» et à nous un motif de nous humilier dans
» notre indépendance. C'est donc à nous
» à ne pas abuser de notre pouvoir sur des

» malheureux qui ne nous sont inférieurs
» que par une disposition dont nous n'avons
» pas été les maîtres.

» Nous devons adorer en eux la main de
» Dieu, qui ne les a pas faits ce qu'ils sont,
» par rapport à nous, et pour nous donner
» sujet de nous complaire dans la misère de
» leur état et dans l'opulence du nôtre.

» Eh ! quelle est même la différence qu'il
» y a d'eux à nous ? Elle ne vient que du
» plus ou du moins de quelques biens péris-
» sables : *au fonds nous sommes tous égaux ;*
» *et tel homme que la privation de ces*
» *biens nous fait mépriser est peut-être fort*
» *au-dessus de nous par les vrais biens qui*
» *font l'essence et la gloire de l'homme ;*
» ainsi le bon sens, la religion, la politique,
» tout nous engage à ménager nos plébéïens.
» Sans cela, quelqu'ordre que nous puissions
» mettre dans notre état, il sera semblable
» à cette statue de Nabuchodonosor, qui,
» quoique faite des plus précieux et des plus
» solides métaux, fut renversée en un mo-
» ment, parce que sa base n'étoit que d'argile.
» Le fondement de notre état c'est le peuple.
» Si ce fondement n'est que de terre et de
» boue, l'état ne peut durer long-temps.

» Travaillons donc à renforcer cet appui de
» la république, sa force sera notre soutien,
» son indépendance notre sûreté ; et il nous
» étayera d'autant plus qu'il croiroit périr
» avec nous, s'il n'avoit à cœur nos intérêts
» et la gloire de la patrie ».

Le lecteur jugera quel poids peut avoir, comparée à l'autorité de ce grand prince, celle d'un libelliste françois actuellement à Varsovie, et qui, méprisable flagorneur du roi actuel et de ses ministres, a ajouté à la traduction qu'il a faite d'un ouvrage polonois, des notes aussi plates que sa traduction (1).

----

(1) Tous ces romans politiques auxquels on a donné le nom d'histoires nous peignent les paysans de la Pologne comme des espèces de brutes que l'orgueil impérieux de nos grands et l'iniquité de la loi se plaisent à dégrader. Ces infortunés colons deviennent, sous la plume d'un écrivain étranger, des esclaves abrutis toujours courbés sous le joug, et ne sentant pas même le poids des fers dont les charge sans cesse le despotisme aristocratique ; il semble enfin que la Pologne entière ne soit peuplée que de tyrans et d'esclaves (eh ! quoi donc ?)

Bien qu'il ait pour lui les vraisemblances, ce portrait

Ce tableau de la révolution de Pologne et de ses suites est sans doute bien différent de celui que nous dessinent tant de

---

n'est pourtant ni exact ni fidèle. L'idée qu'on se forme en général de l'esclavage dans lequel gémissent les paysans pouvoit encore être vraie sous nos derniers rois ; mais elle ne s'accorde point avec les mœurs actuelles ; je n'en veux pour preuves et pour garans que ces mœurs elles-mêmes. On sait combien il y règne aujourd'hui de douceur et d'aménité ; on n'ignore point que depuis l'heureux avènement de Stanislas Auguste au trône, le caractère polonois n'a conservé de la dureté, souvent inflexible, qui jadis en formoit comme la base, que cette énergie, cette fermeté qui sied si bien à un peuple libre ; et ce n'est pas un des moindres services que ce prince a rendus à sa nation.

La plupart des étrangers qui voyagent en Pologne, les François sur-tout, n'en voient ordinairement que la moindre partie ; ils l'observent en courant, la jugent de même, et ne manquent pas, à leur retour, de répéter et dans leurs conversations et dans leurs livres ces paradoxes bisarres qu'ils avoient adoptés sur ouï-dire, et qu'ils ne se sont pas donnés la peine de vérifier ; car, on le sait, le peuple est rarement l'objet des observations d'un voyageur.

Pour se convaincre du peu de fondement de presque toutes ces assertions irréfléchies, il suffira d'observer que la Pologne a des districts entiers, tels que la Samagotie et ce qui lui reste du palatinat de Kiovie,

journalistes bienveillans ; mais celui-ci est vrai et fait sur les lieux. Qu'on juge à présent les raisons de ceux qui proposoient une

---

(deux objets qui forment plus de deux mille lieues carrées), dans lesquels il ne se trouve pas un seul serf de la glèbe ; qu'il en est de même de tous les domaines qui constituent, en quelque sorte, l'apanage de la couronne, telles que les starosties, les advocaties, les tenales, etc. comme aussi de tous les biens royaux et ecclésiastiques. En effet, les gens de la campagne y sont réellement plus libres qu'ils ne l'ont été jusqu'ici dans la plupart des états de l'Europe.

Je dis plus : quelques-uns de nos seigneurs ont fait dans leurs terres ce que la loi avoit établi dans celles dont je viens de parler ; ils ont remis leurs paysans en possession des droits que la nature accorde à tout individu, et que la tyrannie lui enlève si souvent. Ceux même qui n'ont pas encore suivi cet exemple, et je l'avoue avec amertume, c'est le plus grand nombre, ne sont plus au moins des despotes sans humanité, comme l'ont été tant de fois leurs ancêtres ; aussi l'on peut dire avec vérité que la loi qui leur accorde des privilèges aussi inconséquens est sans contredit et plus inique et plus barbare que ces propriétaires qu'elle favorise. En effet, ils pourroient impunément abuser de ces prérogatives, et ils ne le font pas toujours, encore même la plupart des atrocités qu'on leur reproche sont-elles l'ouvrage de leurs subalternes. Je ne me dissimule point cependant qu'il règne encore beaucoup d'abus

adresse de complimens à la nation Polonoise (1) sur sa régénération ; qu'on ap-
précie les principes sur lesquels repose cette

---

dans cette partie de l'administration ; mais je dis qu'il
ne sont ni aussi fréquens, ni aussi énormes qu'on se
les représente gratuitement.

Il se trouve, il est vrai, des palatinats où le peuple
est pauvre et malheureux ; mais ce n'est pas toujours
aux seigneurs, c'est plutôt à l'aridité du sol et au défaut de ressources qu'il faut en attribuer la cause. Au
reste, tout nous donne lieu d'espérer que la réforme
opérée dans le gouvernement, réforme qui a pour bases
la justice et l'humanité ; que cette énergie qu'on a su
restituer à toutes les branches du pouvoir exécutif ;
que l'opinion publique, enfin, qui a donné à ces changemens salutaires la sanction qui seule pouvoit les
rendre durables, feront bientôt disparoître le reste des
obstacles qui s'opposoient, et souvent avec trop d'effi-
cacité, aux progrès de la population et de l'agriculture.
Ce peuple, qu'un bon roi porte dans son sein, ce
peuple, j'aime à le croire, verra luire des jours plus
sereins et plus purs. Cette aurore du bonheur que des
nuages lui déroboient encore va briller d'un nouvel
éclat, et des générations nombreuses et fortunées cou-
vriront et rendront fertiles ces contrées sur lesquelles
le despotisme aristocratique étendoit jadis son sceptre
de fer.

(1) Au reste, cette révolution *dite de Pologne* n'est
encore à bien prendre que celle de Varsovie ; car si

constitution tant vantée , et l'on verra
combien on se trompe en nous conseillant
de voir nos alliés et nos amis dans les Polonois ; quelle amitié , quelle union atten-
drons-nous de ceux qui ne connoissent entr'eux ni union ni amitié , et quel rapport
y a - t - il entre les Polonois et nous ? Nous
sommes une nation brave et nombreuse ,
les polonois ne sont plus ni l'un ni l'autre ;
nous sommes tous égaux et libres , les Polonois abhorrent l'égalité : esclaves les uns
des autres , ils veulent régner sur des esclaves , et viennent d'élever au despotisme
un temple constitutionnel (1) ; nous aimons
tous les hommes , de quelque pays , de quelque nation , de quelque couleur qu'ils soient ,
et les Polonois ne s'aiment pas eux-mêmes ;

---

l'on a vanté les adresses de remercîmens que l'on a
reçues de quelques districts , il seroit juste aussi de faire
mention de plus de huit cents manifestes qui dorment
dans les *grods* de Pologne.

(1) Le ridicule des Polonois , qui prétendent passer
pour un peuple régénéré tout en gardant leurs vieux
préjugés , ressemble à celui d'un Indien que M. Che-
valier avoit amené en France : *moi boire vin* (disoit-il) ,
*moi manger cochon , par conséquent moi chrétien ; mais
moi garder turban , parce que moi sang du grand prophéte.*

nous avons conquis notre liberté et nous la défendrons au prix de notre sang , les Polonois ont de tout temps vendu la leur au plus offrant. La France n'a rien de commun avec la Pologne.

OBSERVATIONS,
ANECDOTES

ET AUTRES PIÈCES

SUR LA POLOGNE.

EN attendant que nous offrions au public un tableau de la Pologne plus circonstancié, nous croyons qu'il verra avec quelque intérêt les pièces suivantes. Elles sont d'un François qui a long-temps hanté les Polonois, et qui a assez bien peint leurs vices, leurs travers et leurs ridicules. C'est un tableau abrégé, mais vrai de ce pays-là.

Loix.

Tous les états policés ont des loix générales, communes à toutes les nations civilisées, et qui sont de tous les codes : la Pologne seule ne participe point à cette communauté ; elle n'a que des loix ou des coutumes particulières, et les loix de tous les pays ne sont pas les siennes : ses tribu-

M

naux , dont les chefs toujours jaloux sont toujours rivaux , ne produisent que des conflits de juridiction qui tournent au plus grand désavantage des particuliers ; et sur-tout des étrangers qui viennent réclamer justice en Pologne.

Ceux-ci , qui pour la plupart viennent à Varsovie pour actionner leurs débiteurs et recouvrer leurs fonds, sont presque toujours victimes de leur crédulité et de leur bonne foi , et sont heureux lorsqu'ils en sont quittes pour les frais d'un voyage inutile. Je pourrois citer cent mille exemples à l'appui de cette vérité. J'ai vu entr'autres un négociant qui étoit venu de Paris à Varsovie pour se faire rembourser de plusieurs sommes prê-tées à de grands seigneurs , et pour se faire payer par des marchands dont il avoit les comptes et les lettres-de-change : je l'ai vu prêt à être arrêté sur sa première de-mande , et obligé de donner caution pour conserver sa liberté (1) ! Son affaire

____

(1) Il paroit assez naturel que celui qui attaque four-nisse une caution ; mais il est ridicule de la demander à celui qui est attaqué. C'est cependant à l'homme qui est cité en justice , souvent très-mal-à-propos , que l'on

étoit claire ; il falloit une heure pour l'examiner et la juger ; cependant il est en Pologne depuis trois ans , sans avoir fait aucun recouvrement , ayant toujours été dans
les procès et occupé à défendre sa propre
réputation. Sera-t-il payé ? Je ne le crois
pas ; ou s'il l'est un jour , les frais de voyage,
de séjour , et sur-tout les épices , joints
aux désagrémens qu'il aura essuyés , lui
feront acheter bien cher des paiemens
qui, par les circonstances et par le temps, se
réduiront à très-peu de chose.

Un autre honnête homme (étranger encore) vivoit tranquille dans sa patrie avec
ses proches et ses amis ; il voit par hazard
un grand seigneur, ministre en Pologne et

------

demande une caution ; beaucoup de gens , avec la meilleure cause du monde, sont obligés de s'évader, parce que
personne n'ose les cautionner , et exposer sa fortune
dans de pareils tribunaux. Si quelqu'un attaque un
étranger sous le prétexte le plus ridicule, il faut, ou
que cet étranger fournisse pour caution un homme qui
ait une maison , et qui veuille bien l'engager pour lui,
ou bien qu'il se rende en prison, ou enfin qu'il s'évade ;
c'est ce que beaucoup d'honnêtes gens sont obligés de
faire.

Note de l'auteur.

M 2

décoré des ordres, qui lui fait, au **nom du** roi, un emprunt de ducats d'or ; mon homme donne la somme, et reçoit pour retour la reconnoissance du grand seigneur, avec toutes les offres possibles de service, et toutes les assurances imaginables d'amitié. Le temps s'écoule ; le prêteur, *comme ma sœur Anne*, ne voit rien venir ; il écrit, on répond ; enfin, on le presse de venir lui-même recevoir son argent. Mon homme part d'Amsterdam avec sa femme, et arrive à Dantzig : on avoit promis de lui envoyer dans cette ville une voiture, des chevaux et des gens. Il ne trouve rien, il écrit ; on avoit promis, comptant n'être pas pris au mot ; et voyant que le prêteur étoit aussi près, on ne lui répondit plus. Mon homme, ennuyé d'avoir attendu huit mois, part pour Varsovie, n'obtient pas justice, et est obligé d'aller en Lithuanie poursuivre son débiteur. J'ignore aujourd'hui s'il a été payé ; je parierois que non ! Mais supposé qu'il l'ait été, faites entrer en ligne de compte sa dépense et tous les chagrins qu'il a eus.

M. le comte de . . . . . . se charge, par amitié, de veiller à Paris sur l'éducation d'un jeune prince polonois ; il avance même pendant plusieurs années les frais de l'éducation; le jeune prince ayant achevé ses études', son oncle le rappèle et prie M. le comte de . . . de l'accompagner. M. le comte et le jeune prince arrivent à Varsovie ; M. le comte justifie les sommes qu'il a déboursées ; on le comble d'amitié , et on lui donne en remboursement une lettre-de-change sur le premier banquier de Varsovie. Le jeune prince et son cher oncle partent le même jour. M. le comte va chez le banquier , qui lui répond qu'il n'a point de fonds à M. le prince.... et il lui apprend que S. A. a mangé d'avance quarante années d'un revenu considérable. Le trait étoit trop inique pour avoir son effet , aussi M. le comte a-t-il été payé , mais encore après des peines , et non sans rester dupe en partie.

Un Grec qui , avec permission , faisoit en Pologne un commerce de chevaux et de bestiaux , les voit tous enlever sur le grand chemin par un prince Polonois ; il vient à Varsovie , demande justice à tous les tribunaux , présente requête à chaque diète , et ne peut obtenir justice ; il ne l'aura jamais , et il est ruiné.

M 3

Un comte Polonois, seigneur d'une petite ville où il y a beaucoup de Juifs, ayant besoin d'argent, use du stratagême suivant pour s'en procurer ; il achète un délateur, et fait accuser le plus riche des Juifs d'avoir un commerce avec sa propre fille : le procès s'instruit, et le seigneur, par modération, condamne le Juif à être brûlé vif. Un Juif est peu jaloux aujourd'hui de mourir martyr. Celui-ci offre de racheter sa barbe de l'auto-dafé ; il propose un marché, le seigneur refuse, tend la main et négocie ; on convient de trois mille ducats (plus de trente mille livres tournois). Le Juif en donne deux mille huit cent quarante, c'étoit tout son avoir. Le seigneur fait compter et instruit du *déficit*, il fait allumer le bûcher. O veh ! s'écrie le Juif désespéré, il implore ses frères, qui, pour l'honneur de la synagogue, se cottisent et apportent aux pieds du seigneur cent soixante ducats, pour achever de racheter du péril des flammes le malheureux Israélite qui, sans être incestueux, sans avoir jamais légèrement forniqué, alloit être la victime de la cupidité de M. le comte P . . . Béni soit à jamais son nom et ses hauts faits !

L'ignorance où sont tous les étrangers par rapport aux loix de Pologne , et par rapport aux moyens qu'ils croient avoir d'obtenir justice , les rend tous les jours victimes de leurs préjugés et de leur bonne foi ; ils ignorent qu'un indigent même ne peut contraindre par les loix son débiteur à le payer , quand celui-ci est sénateur , c'est-à-dire , quand il a obtenu les honneurs du fauteuil ; le premier a , à la vérité , le droit de faire saisir la voiture roulante de M. le sénateur ; mais si celui-ci prend le parti d'aller sur ses terres , d'armer ses paysans et de se claquemurer , il n'y a plus de moyens d'en tirer aucun parti , à moins qu'on ne puisse lui opposer plus de paysans , ou qu'on ne le force à une capitulation en vertu de la loi du plus fort. Or, comme ces moyens sont impraticables pour tout ce qui s'appèle étranger , il s'ensuit que ceux-ci doivent faire fort peu d'affaires avec les Polonois qui ont le droit de les signer dans un fauteuil.

Un étranger qui conclut une affaire avec un Polonois , ou qui contracte avec lui un engagement quelconque , se croit en sûreté quand il a un contrat bien signé et en registré au grod : par-tout ailleurs une pièce de cette nature est sacrée et repec‑tée ; mais en Pologne elle n'est qu'une leurre et un attrape nigaud , qui devient inutile en justice réglée. Il arrive même presque toujours que l'étranger , lassé , rebuté par les mauvais traitemens qu'on lui fait éprouver , demande lui-même la nullité du contrat sur lequel il fondoit sa sécurité , et qu'il reste dupe et du Polonois et de lui-même.

O vous tous , mes compatriotes et mes frères , vous qui, comme moi , avez appris à vos dépens à connoître les Polonois , joignez vos accens aux miens pour rendre s'il se peut désormais inutile la malignité et la duplicité de ce peuple ! Apprenons à nos frères , répétons à tous les échos que le Polonois est sans foi et sans loi , et que la parole d'un Calmouck vaut cent fois mieux que tous les contrats timbrés de Pologne !

VARSOVIE.

Varsovie , séjour des rois de Pologne et la capitale de ce malheureux royaume, est, à mon gré , une maussade , une vilaine et abominable ville : elle est mal bâtie ; elle n'a aucun édifice , et on n'y voit que des palais indignes du titre et dignes de leurs maîtres. Les rues assez larges , mais point alignées , sont toutes des bourbiers affreux qu'on ne peut pratiquer qu'en voiture : elles sont mal pavées , les niveaux en ont été mal pris ; de sorte que l'eau n'ayant aucun écoulement , est obligée de séjourner et de former des mares dans lesquelles les piétons barbottent jusqu'aux genoux. Comme on ne nétoie presque jamais les rues , cet inconvénient dure tout l'automne , une partie de l'hiver et tout le printemps. Pendant l'été , la boue se dessèche par la chaleur ou par les vents , et alors on est aveuglé par la poussière. La ville n'est point éclairée le soir ; et par cette raison en partie , il est imprudent de la parcourir. Il est peu rare de voir des gens attaqués et dépouillés , parce que la police ne pourvoit point à cet égard , et que c'est aux particuliers à se garder eux-mêmes (1).

____

(1) Il n'y a pas en Pologne de partie publique , et toutes les poursuites criminelles se font à la requête

On ne trouve aucunes commodités à Varsovie : cette ville , que les Polonois croient être un Paris , est dépourvue d'auberges : et l'étranger qui arrive est souvent obligé d'attendre du hasard un logement. On n'y voit aucuns cafés , aucunes maisons publiques où on puisse se réunir ; enfin, on y végète fort chèrement , sans pouvoir se procurer , même à prix d'argent , les commodités ou les agrémens qui sont communs chez tous les peuples industrieux ou sociables.

Les environs de Varsovie sont également détestables et n'offrent aucune variété : de quelque côté que l'on sorte , on est sûr de traverser des plaines de sable sans abri , pour arriver enfin à un mauvais cabaret , où on trouve à peine de mauvais café. Est - il bu ? on revient en ville ou on va

---

du plaignant ; si un homme a été tué , et que personne ne veuille faire les frais des poursuites contre son assassin , le scélérat peut se promener hardiment dans la ville , personne ne l'inquiètera ; il faut avoir vu cela de ses yeux pour le croire , et je prie les curieux de questionner , à cet égard , les personnes qui ont passé quelque temps en Pologne.

Note de l'auteur.

à la comédie, et on se couche. Tel est en
beau et en abrégé la description de Varsovie, qui d'ailleurs est la sodôme mo-
derne, le repaire des aventuriers, et le
centre de tous les vices.

MILITAIRE.

La plus grande partie de la noblesse polonoise s'adonne à l'état militaire, et n'as-
pire qu'à un brevet, à un uniforme et à
un porte-épée (dragone); on voit par les
registres de la chancellerie qu'il existe aujourd'hui plus de 20,000 officiers étrangers
ou nationaux qui ont des brevets de service en Pologne (je ne compte pas dans
ce nombre ceux qui n'ont pas fait enregistrer leurs patentes); quand on s'arrête
à la multiplicité des différens uniformes
qu'on apperçoit, on croiroit que l'armée
de Pologne est au moins de 200,000 hommes; cependant elle n'est fixée qu'à 30,000;
il est vrai que ces 30,000 mille hommes forment peut-être 1000 corps ou régimens différens, qui les uns ont 15, 40 ou 50 hommes, les autres n'ont que des officiers et
point de soldats; et que de-là dérive cette

variété de couleurs , d'uniformes et d'officiers.

On ne sera point étonné que le nombre des officiers ait si fort pullulé en Pologne, quand on saura que les généraux et tous les chefs de régimens avoient encore , il y a deux ans, le droit de faire de leur propre autorité des enseignes , des lieutenans et des capitaines , à qui ils donnoient de belles patentes signées et scellées par eux seuls : c'étoit la monnoie courante dont ils payoient leurs valets-de-chambre et leurs laquais. Si cette espèce est un peu plus rare aujourd'hui , elle ne laisse pas cependant d'avoir encore cours ; seulement elle s'achète un peu plus cher sur la place, parce qu'elle est devenue l'objet d'un commerce qui appartient au roi et à ses favoris.

En Pologne, tous les grands seigneurs sont officiers , et malgré cela le corps militaire y est méprisé autant qu'il l'est par-tout ailleurs. L'uniforme y est la livrée du déshonneur, quoiqu'il soit commun au roi, aux princes et à toute la noblesse ; parce qu'il est également commun à une classe d'hommes qui le dégradent. Quel cas peut-on et doit-on faire en effet d'officiers sans point d'honneur, sans connoissances, qui n'ont jamais su que tourner la broche, manier un peigne, cirer des bottes et tenir un étrier? Ils ne peuvent être que méprisés par leurs chefs, par la société, et par la partie de leurs camarades ou des étrangers qui, plus honnête, participent au mépris général, et rougissent d'une association aussi disproportionnée. Du même motif dérive encore le despotisme arbitraire par lequel les chefs conduisent ces troupeaux de vils esclaves ; les premiers ne savent que vouloir, les autres ne savent que ramper. Un chef renvoie sans motif un officier de son corps ; et celui-ci se résigne sans murmurer, quand il a reçu vingt ou trente ducats de dédommagement, avec la permission de garder son uniforme. Il porte ailleurs son adulation et ses bassesses, obtient un autre emploi et le conserve tant qu'il plaît à son nouveau maître. Voilà quelle est la formation du corps des officiers polonois ; et voilà pourquoi un lieutenant-colonel de ce corps est placé sous-lieutenant en Prusse et même en Russie; on en a vu des exemples sans nombre dans la dernière guerre.

J'ai dit que les grades sont avilis et prodigués en Pologne ; et je conviendrai que j'ai tort si on me prouve qu'il est faux que M........, ci-devant coureur du comte de..... est colonel-commandant du second régiment de la république ; que M. le colonel titulaire..... a été cuisinier chez M. le comte..... ; que M. le colonel adjudant-général....... a été palfrenier ; que M. le colonel..... a été comédien ; que M. le lieutenant-colonel..... et M. le major..... ont été laquais , etc. etc. etc. ; car je ne peux pas tout citer. Je dirai encore que j'ai tort si on me prouve qu'un gouverneur d'enfans qui , voyant tout le monde en uniforme, a demandé la permission d'en porter un pour éviter les frais d'une garde-robe, n'a pas reçu le lendemain un brevet de lieutenant-colonel. Enfin , je dirai que ce qui prouve que j'ai raison, c'est la réponse que fit le sieur....., acteur polonois, à plusieurs seigneurs qui le protégeoient, et devant qui il exhaloit au foyer son mécontentement :

Non, messeigneurs, je ne puis plus rester, j'ai trop de désagrémens ; si l'on me chagrine encore, je vous jure que je quitterai et que je me ferai officier. Que l'on donne à ces paroles , prononcées avec vivacité , tout le sens dont elles sont susceptibles , et qu'on juge d'après cet exemple seul l'honneur chimérique d'être officier en Pologne.

La partie militaire est totalement négligée en Pologne ; il n'y a aucune ordonnance qui établisse d'une manière fixe et précise sa formation, ses évolutions, sa tenue ou sa discipline ; la plupart des officiers n'ayant jamais servi , n'ont aucune idée du service. Le soldat n'est qu'un paysan déguisé , et le tout forme un corps qui se meut sans principes et sans uniformité. Si la cavalerie et les troupes légères de Pologne passent pour être bonnes, c'est qu'il y a souvent de vieux préjugés hors de saison , qui se perpétuent et servent d'aliment aux contes dont les vieilles grand'mères bercent leurs petits-enfans. Tout le mérite des troupes légères de Pologne consiste dans la bonté de leurs chevaux : d'ailleurs , elles combattent comme les Tartares , auxquels seuls les Polonois pourroient peut-être résister , malgré leur adresse à manier le sabre. Si l'armée de Pologne avoit eu du nerf ; si les chefs et toute la nation avoient eu un peu d'ame , se seroient-ils tous laissé asservir par une poignée de Russes qui leur dictent encore des loix aujourd'hui ?

Les titres de toute espèce se sous-divisent à l'infini en Pologne. On peut ignorer le nom des personnes que l'on voit ou à qui l'on a affaire ; mais on ne peut se dispenser de les interpeller par le titre de leurs charges ou de leurs caractères ; c'est même un rafinement d'honnêteté que de donner, aux militaires sur-tout, le titre d'un grade supérieur à celui qu'ils ont : les femmes ont également droit (comme chez les Allemands) aux titres de leurs maris ; et l'on est forcément obligé de dire : madame l'Enseigne, madame la Caporale, madame la Secrétaire, madame la Bibliothécaire, madame la Tambour, etc. etc. etc.

Les titres des charges civiles sont encore plus étendus que ceux des emplois militaires : toutes les charges de la couronne sont répétées en Lithuanie, puis répétées dans chacun des districts du royaume, parce que chacun de ces districts prétend avoir le privilège de servir de ses propres officiers le roi, s'il passe ou s'il séjourne dans ces districts. On peut concevoir quelle doit être la multiplicité d'écuyers ou d'écuyères, de secrétaires

et

et de valets-de-chambre , mâles et femelles , qui fourmillent en Pologne pour l'honneur et le service de sa majesté.

En Pologne il n'y a point de titre qui appartienne à la naissance ; la nation est noble ou esclave. Tous les princes et tous les comtes sans nombre que l'on voit ne sont tous que des particuliers reconnus comme tels par les diètes de Pologne , qui ne leur accordent jamais d'autre titre que celui qui est attaché à leurs charges ou à leurs emplois : il y a , à la vérité , quatre familles de princes et une de comtes en Lithuanie , mais elles ne sont connues que dans ce duché, et point en Pologne. Quant aux autres princes ou comtes , les premiers en ont acheté ou obtenu le titre dans l'empire , et les autres le sont *par effronterie et gratis.*

Société.

Le but de la société en général est de réunir les hommes, d'adoucir leur caractère , de polir leurs mœurs , de modifier leurs peines , et de contribuer à leur bonheur par mille moyens utiles et aimables; c'est par la société encore qu'on se communique,

que l'on connoît des jouissances ou que l'on peut être heureux . . . . ; et c'est par elle que l'on est malheureux en Pologne. Placez-vous au centre de toutes les compagnies polonoises , et décomposez chaque visage , vous ne verrez jamais que de l'ennui , de fausses grandeurs et de faux plaisirs ; c'est après eux seuls que courent les Polonois , parce que la raison ne leur a pas encore ôté le bandeau qui leur cache la vérité.

Les grands, toujours préoccupés d'eux et de leurs grandeurs, veulent toujours rester grands ; croyant avilissant de se mettre au niveau de ceux qui n'ont pas trois ou quatre cordons, et vingt ou soixante mille ducats de revenus , ils préfèrent une société exclusivement seigneuriale à une société divisée qui les rapprocheroit d'une classe d'hommes plus éclairés sur les moyens de chercher le plaisir ; ils ne veulent pas oublier leur état et leur condition pour voir d'un œil tranquille les honneurs dont ils sont revêtus ; et, comme l'âne chargé de reliques , ils ne s'apperçoivent pas que c'est moins à eux qu'à leurs titres que s'adressent les égards que l'on a pour eux.

Les particuliers nationaux que l'on voit dans les sociétés, à la suite des grands, n'y sont soufferts que parce qu'il y faut des esclaves, des complaisans et des flatteurs ; tous ceux qui n'ont pas, même grossièrement, ces qualités, en sont exclus ; ils restent livrés à eux-mêmes, au désœuvrement et à l'ennui. Les Polonois ouvrent aussi quelquefois leurs sociétés aux étrangers ; ceux qui obtiennent ce privilège ont toujours le début le plus brillant, deviennent pour un moment l'objet de leurs caresses, et sont ensuite l'objet de leur indifférence ou de leur mépris. Le Polonois est par caractère faux, léger, inconséquent et changeant. Tout étranger qui a de la taille, un peu de figure, un peu d'usage, avec des connoissances superficielles, est sûr de plaire d'abord et d'obtenir des emplois ; il est sûr d'avoir la droite dans le carosse de quelque prince ou palatin, d'être annoncé et reçu comme un prodige, de réunir mille qualités exaltées, et d'avoir enfin à leurs yeux le *nec plus ultrà* de tous les mérites. Le pauvre étranger, eût-il en effet droit à des égards, obtient toujours une considération qui l'étonne ou qu'il ne peut conserver, parce qu'il est impossible qu'il soutienne l'idée trop avantageuse qu'on a donnée de lui ; de sorte que cessant d'être un dieu , il est bientôt (fût-il un Voltaire) un sot, un homme simple qu'on évite, qu'on mortifie, qu'on humilie, et qui enfin est obligé de se retirer pour se soustraire aux désagrémens qu'on cherche à lui faire éprouver. Il est remplacé par d'autres étrangers qui ont le même début, le même succès et la même chûte.

Un Polonois passe toute sa vie à répéter les occupations d'un jour. Est-il de la petite classe ? il fréquente le lever de ses maîtres ou de ses protecteurs ; il obtient à peine un regard , fume ou boit de la bière pour se divertir. Est-il grand ? il se promène en voiture par les rues de Varsovie ; il se porte par un mouvement quotidien dans une salle de spectacle pour y afficher sa maîtresse, ou pour y bâiller à des comédies polonoises, allemandes, françoises, ou à des opéras italiens ; il va ensuite souper dans une maison où on soupe d'habitude ; joue la plus grande partie de la nuit, et va se coucher quand il a perdu une partie de sa fortune, quand il a été dupe ou qu'il en a fait. Les jeunes seigneurs sont un peu plus gais ; ils ne se

couchent presque jamais sans s'être saoulés
maussadement de vin d'Hongrie chez des
filles, et sans avoir cassé quelques bras ou
jambes, ce qu'ils préfèrent à l'amusement
ou à l'étourderie plus simple de casser des
vîtres.

Voilà à-peu-près à quoi se réduit ce qu'on
appelle en Pologne la société ; d'ailleurs les
étiquettes, les égards respectifs dûs aux
rangs et aux grades y étouffent le plaisir ;
et, comme je l'ai déjà dit, le jeu est la seule
ressource : hors le jeu point d'agrément.
Il n'y a point à Varsovie de petites sociétés ;
les bourgeois, les marchands mêmes l'ou-
blient, et comme les autres classes de la
société, ils sont mus par l'orgueil, assai-
sonné d'un luxe mal-entendu, accompagné............ oh ! de beaucoup d'*et cætera*.

VOYAGES.

Courir le monde par vanité et par orgueil ; promener son ignorance et son insuffisance ; se ruiner en pays étranger pour
ne moissonner que des vices et des ridicules ; tromper et débaucher tous venans ;
voilà le but et l'effet de ces courses de

N 3

grands chemins que les Polonois appellent voyages. Un Polonois, avant de passer les frontières de son pays, dit bien haut, et par-tout : *je vais voyager dans les cours étrangères* ; il devroit dire modestement : JE VAIS JOUER DES FARCES DANS LES PAYS ETRANGERS.

Quel est le public qui n'a pas vu ces histrions cordonnés, brodés ou diamantés, devenir les Arlequins de ses cercles, et les escamoteurs de ses marchands trop crédules ou trop faciles ? Les registres de la police, ceux du fort-l'évêque, et les livres de crédit d'un million de dupes de tous les pays offrent des preuves innombrables de cette nature ; peu de personnes ignorent qu'on a biffé au fort - l'évêque la détention du particulier roi qui est assis sur les bords de la Vistule ; on sait également que ce même fort-l'évêque est l'hôtel garni où logent leurs Altesses Polonoises, ou leurs amis les Comtes, quand ils ont tout porté chez madame la Ressource, et qu'ils n'ont plus d'Aigles ou de Solitaires à livrer à la troupe créancière qui les assiège (1).

____

(1) Les plus rusés préviennent le dénouement ; à la faveur d'un nouveau déguisement ils repassent les

C'est une folie bien étrange, que cette manie de ne vouloir jamais paroître ce que l'on est ! Voyons à quoi elle aboutit chez les Polonois.

Ceux qui commencent leurs voyages *dans les cours étrangères* y portent presque toute leur fortune en bijoux ou en papier ; ils la dissipent sans goût, en frivolités, sans connoître d'autres jouissances que celle d'un luxe ridicule : quand leurs chatouilles ou leurs portefeuilles sont vuides d'espèces, de bijoux et de papiers, les plus sages pensent à se retirer ; mais pour faire une retraite d'éclat, ils enrôlent à gros gages des gouverneurs pour leurs enfans, des artistes, des valets-de-chambre, des laquais, etc. qu'ils conduisent à Varsovie comme les temoins de leur grandeur imaginaire ; ils trompent de malheureux officiers qui, séduits par l'éclat du nom et par une dignité qu'ils méconnoissent, quittent quelquefois leur état, sans prévoir que les regrets doivent seuls succéder à leur crédulité.

---

frontières, et échappent de cette manière à leurs créanciers et à la police.

Note de l'Obser. Franç.

Demandez si je mens , à un major qui jouissoit avec agrément en Russie des bontés et de la protection de l'impératrice ; demandez-lui pourquoi , s'en rapportant aux propositions du prince A....C.... il a quitté le service de Russie , pour venir à Varsovie avec sa femme et ses enfans ? Demandez-lui enfin , pourquoi il n'a point poignardé ce même prince quand il s'est vu, après huit mois de séjour ou de démarches inutiles , obligé de quitter la Pologne avec cinquante ducats de dédommagemens ? Ce major n'est pas la cent millième victime des promesses polonoises , et c'est la dix-huit millième peut - être du prince A...C... ; mais malheureusement les exemples n'effrayent point les hommes , et ce nombre augmente tous les jours.

Tout récemment encore , plus de cent officiers françois que la dernière réforme avoit privés de leurs emplois sont venus en Pologne , après avoir reçu à Paris , par l'agent du prince A.... C.... d'un grand général et d'un prince évêque en Lithuanie, des brevets pour une certaine légion ridicule de massalski : que sont devenus tous ces légionnaires ? des êtres malheureux qui, après avoir été joués par une mître, une couronne ducale et un entêté, leur ont dit des sottises, mais ont fait après comme ils ont pu : camarades, ai-je menti ?

Varsovie et les campagnes des riches Polonois sont des prisons toujours pleines, qui recellent des extraits de toutes les nations ; les Nègres, les Nains, et mêmes les Turcs y sont communs ; ils y sont tous sur la foi des promesses ou des contrats ; pauvre assurance !

Il n'y a qu'une espèce d'hommes qui réussisse en Pologne, ce sont les aventuriers ; celui qui sait filer la carte ou être le mercure galant de MM. les Polonois, qui ruine avec adresse le sot payeur et la courtisanne, est le seul homme qui ait des droits au mérite et à leur estime ; quiconque est trop honnête pour employer ces moyens avilissans est hué ou meurt de faim, qu'il fasse comme les autres, disent toujours les ames honnêtes de Pologne : or on vient de voir ce que font ces autres.

DUELS.

DEPUIS 1700, les Polonois ont tiré

soixante-quinze mille sept cent vingt-huit coups de pistolets , et fait affiler environ un million cent trente-six mille sept-cent neuf sabres ; toute cette poudre a été brûlée en duels ; combien y a-t-il eu de morts ? Un en 1776 : assurément il faut être bien mal - adroit pour être aussi peu meurtrier, si les pistolets sont chargés à mort , ou si les sabres coupent.

On feroit très-bien de ne pas se battre du tout ; mais quand on y est forcé , ou quand on amorce son pistolet et qu'on fait aiguiser son sabre , il faut éventrer ou faire sauter une cervelle , afin de prouver du moins qu'on s'est bien battu.

En Pologne , il y a une loi fondée sur des principes religieux , qui ordonne aux secondans de réconcilier les duellistes , quand ils ont brûlé trois amorces chacun sans se faire de mal ; à quoi cette loi est-elle bonne ? à former des lâches et des agresseurs.

On ne se bat point en Pologne par un vrai principe de point d'honneur ; la source de tous les duels vient des vignobles de Hongrie ou de Champagne ; tout Polonois qu'on insulte en particulier reste insensible quand il est de sang froid ; mais tout Polonois qui a sablé huit ou dix bouteilles insulte et soufflette effrontément ; c'est cette publicité seule qui nécessite les affaires entre particuliers.

J'ai vu, moi second témoin, deux officiers se battre à coups de poings, à coups de pieds, et avec des chaises ; je les ai vu après s'embrasser par réflexion, et nous prier, nous témoins, de leur pardonner et d'être discrets.

Je n'ai pas vu, mais il n'est pas moins vrai, qu'un grand général qui donnoit à souper à plusieurs jeunes gens de *distinction*, entre deux vins, proposa à l'un d'eux d'insulter un comte qui l'a été souvent ; le jeune homme s'excusa, et un moment après il monta dans sa voiture avec son frère pour se coucher ; le grand général furieux, dit voilà un ..... il but encore une bouteille de champagne, et fit la même proposition à celui qui restoit ; il trouva la même répugnance, et plus furieux il dit au jeune homme, « je te croyois un brave homme, » mais je vois bien que tu n'es qu'un.... » comme les autres ». Cette apostrophe fut suivie de verres ou d'assiettes jetées et re-

(204)

jetées ; et les laquais mirent enfin le hola ;
le grand général en a été quitte pour trois
ou quatre baisers qu'il a donnés, suivant
le costume Polonois, sur la bouche du jeune
balafré.

Les grands seigneurs Polonois, encore
moins jaloux de se battre que les autres,
ont toujours à leurs gages des souteneurs
prêts à brûler une amorce en leur faveur.
Pour avoir le plaisir de griller une mous-
tache seigneuriale, il faudroit préliminai-
rement coucher sur le carreau une com-
pagnie de viles stipendiés dont les duels font
les seuls revenus.

Tous les duels de Pologne ont une même
gradation ; quand on a été injurié, même
souffletté, on va tranquillement chez soi pour
défier à coup de plume l'insulteur ; on lui
assigne le champ, l'heure et l'arme que
l'on choisit ; on élit ensuite son secondant ;
on invite ses amis ; et le jour désigné, on
prend la poste avec un nombreux cortège
de partisans ou d'amis, pour aller avec fra-
cas jusqu'à trois milles de Varsovie ; cette
distance est le plus petit éloignement où on
puisse se battre sans transgresser les loix :
le champion précurseur achève de s'y saou-

ler en attendant son antagoniste qui se saoule ailleurs. Quand celui-ci est arrivé, les deux champions se rendent dans une plaine parfaitement égale ; ils y disputent sur le choix des places , sur leur éloignement réciproque , pendant que les secondans les éloignent davantage et leur donnent des pistolets.

Le signal fait , on tire : mais rien ; si l'affaire est grave on retire , mais rien ; enfin on retire une troisième fois , mais toujours rien : en voilà assez disent les secondans ; puis s'emparant chacun de leurs pupiles , ils les font s'entr'embrasser , se faire des excuses , et les placent à la tête du cortège , qui , réuni alors , prend le chemin du dîné qu'on a commandé d'avance. Là , la fumée du Champagne fait oublier celle des pistolets ; une gaîté bacchique y succède aux craintes ; et on y boit rasades à la santé des deux héros , amphytrions de la fête.

Si dans tout ceci on étoit de meilleure foi, si l'on jouoit moins ce que nous appelons *l'honneur et la bravoure* , j'applaudirois ; car enfin , sans mort , sans effusion de sang, je vois le marchand de vin, celui de poudre, le maître de poste et le traiteur, faire tous un bénéfice réel, et cela pour un soufflet donné.

Voilà comment se conduisent en Pologne les braves les plus déterminés ; voyons comment se conduisent ceux qui sont moins décidés.

L'envoi du cartel a toujours lieu ; mais dans ce cas-ci, il fixe le jour de la bataille à un terme plus éloigné : celui ou ceux qui craignent de mourir, pour éluder ce terme, se confessent, font leur testament, et négocient la paix. Leurs amis rédigent des excuses, les font accepter, marchandent en faveur des pauvres *déshonorés*, qui s'estiment heureux quand ils recouvrent à prix d'or la tranquillité, sans coup férir.

La timidité ou la lâcheté polonoise alimente une troupe de tirailleurs ou de spadassins de profession qui n'ont d'autres revenus que celui qu'ils tirent sur des gens riches ou des grands seigneurs ; quand ils leur cherchent une affaire, c'est moins à eux qu'ils en veulent qu'à leurs bourses ;

et les riches, qui le savent, délient toujours sans résistance les cordons pour rassasier la bête affamée (1),

Ces mêmes tirailleurs sont encore, à un autre égard, des êtres fort utiles en Pologne; un prince A....C..... un prince L..... etc. les achètent comme instrumens secrets de de leurs haines ou de leurs vengeances ; et en cette qualité ils les payent pour insulter d'autres princes , d'autres grands et d'autres particuliers.

Ce petit tableau de Varsovie n'a pas eu le sort de celui de M. Mercier ; il n'a pas été gâté par la révolution.

---

(1) En 1787 le prince M... L... ayant besoin d'argent, se rendit chez le banquier T.... pour lui en emprunter. Celui-ci se doutant du sujet de la visite , fit dire plusieurs fois qu'il n'y étoit pas. Cette conduite suffit au prince M... L... pour chercher querelle au banquier ; il prétendit qu'il se trouvoit insulté , et que le sieur T.... portant une croix de Malthe ne pouvoit pas se dispenser de lui en rendre raison. L'accommodement de cette affaire coûta quatre mille ducats au banquier qui avoit fait fermer sa porte à un homme qui ne se seroit peut-être pas battu lui-même, si quelqu'un le lui eût proposé.

LES JUIFS

Aux Représentans des villes de la Pologne.

Messieurs,

Le mémoire plein de force et d'éloquence que vous avez présenté aux états confédérés y a été reçu avec une estime qui prouvoit que l'on y étoit depuis long-temps disposé à vous écouter. Il a fait une égale sensation en France, où les droits de l'homme sont devenus une espèce de caté-chisme, et l'on y a vu avec plaisir que vous en confessiez les dogmes.

Nous croyons donc ne pouvoir trouver de meilleurs défenseurs que vous, et nous croyons même avoir des droits à vous choisir : car premièrement, quoi qu'on en dise, il est certain que nous sommes des hommes ; et en second lieu, il paroît certain que nous appartenons à ce tiers dont vous embrassez la défense.

En effet, ce n'est point la religion, mais les occupations d'un homme qui constituent son état : or vous exercez les arts mé-

caniques,

caniques, et nous aussi. Vous faites le commerce, et nous aussi ; vous en craignez les pertes, et nous aussi ; vous en aimez les gains, et nous aussi. Enfin, vous avez pour les effets commerçables des prix différens que vous présentez les uns après les autres, et dont le dernier est de beaucoup le plus bas, et nous faisons précisément de même.

Enfin, une dernière preuve que nous appartenons à ce tiers-état, c'est que le même mémoire pourra nous servir, si vous voulez seulement y faire de légères additions que nous prendrons la liberté de vous indiquer.

Vous commencez votre mémoire par ces mots :

Quand la Pologne entière se félicite de voir les opérations de la diète présente tendre directement au bonheur de la patrie, etc., etc.

Or, messieurs, si vous voulez commencer de même le mémoire que vous ferez pour nous, il faudra ajouter que nous sommes loin de prétendre avoir une patrie, que notre ambition se borne à exister. Il faudra même s'écarter un peu des intentions de vos autres commettans, qui paroissent vouloir nous disputer ce droit :

mais nous en appelons à vos propres maxî-
mes ; car vous dites au second paragraphe :

Le siècle de la vérité et de la justice
est enfin arrivé . . . . . Pleins de confiance
en vos lumières , en votre équité , nous
sommes intimément persuadés que vous
n'hésiterez pas de rendre , de confirmer
ce que la loi naturelle accorde à chaque
individu.

Ici , messieurs , daignez représenter que
chacun de nous est aussi un individu , et
que , par conséquent , il semble qu'il ait
des droits à ce qu'accorde la loi naturelle.

Plus loin vous dites : *les révolutions*
étrangères ont retenti à nos oreilles. Hé-
las ! souvent le son des cloches retentit
aussi aux oreilles , et bien des gens ne savent pas précisément la paroisse où l'on a
sonné ; car , par exemple , dans la révolution de France , les Juifs ont obtenu le
droit de citoyens actifs.

Daignez , messieurs , sur-tout appuyer
sur les reproches que l'on peut nous faire ;
qu'on les articule , et nous tâcherons d'y
répondre : on dit que nos ouvriers ont peu
de bonne foi , et que nos marchands font de
fréquentes banqueroutes. Cela peut être ,

mais il est certain que tout le monde aime à se servir des premiers, et que les marchands de Leipzic continuent à faire crédit aux autres.

On dit que notre sordide économie nous met à même de donner à meilleur marché, et que nos ouvriers n'ayant pas l'habitude de boire le dimanche et le lundi, et d'être encore ivres la moitié du mardi, les ouvriers bourgeois de Varsovie qui ont toutes les vertus opposées à nos vices ne sauroient soutenir notre concurrence ; mais nous répondons à cela, que si jamais nous parvenons à une sorte d'aisance, excepté la boisson, qui semble contraire à nos mœurs, nous parviendrons au reste de ces vertus dont l'exercice ne semble pas difficile.

Enfin, on dit qu'à Varsovie nous ne payons point d'impôts. Mais, Dieu d'Abraham et de Jacob, quel nom donnera-t-on donc à ces vexations de tout genre auxquelles nous sommes exposés !

Voilà, messieurs, les raisons que nous vous prions de présenter avec la même force et la même éloquence que vous avez déployées en faveur du tiers-état chrétien.

Pardonnez - nous , si en vous les exposant nous avons usé de cette figure de rhétorique que l'on appèle ironie ; mais elle est dans le style de nos livres saints , et Dieu lui-même n'a pas dédaigné de s'en servir en parlant à Job , qui n'étoit guère plus pauvre et plus malheureux que nous. D'ailleurs , vous sentez bien que cette ironie n'est ici que pour donner plus de force à nos raisons , et que l'état où nous sommes ne sauroit en aucune manière nous porter aux plaisanteries. Vous conviendrez au moins que l'offense de celle-ci est bien légère , auprès des insultes que vos commettans ajoutent tous les jours aux traitemens les plus cruels.

Vos commettans parlent de privilège , et pour les faire valoir , ils ont chassé des milliers de familles qui , errantes autour de cette capitale, ont vu périr leurs enfans par les influences de la saison alors encore rigoureuse. Quelques Juifs cachoient encore leur misère dans d'obscurs réduits ; l'on en fit une recherche sévère , et ils étoient chargés de coups et conduits ainsi jusques hors des portes , à la vue de la populace qui applaudissoit à ces cruautés. Enfin , quelques familles qui se croyoient aussi à l'abri d'un privilège ont vu sous les yeux de la puissance suprême leurs maisons attaquées , leurs biens au pillage , des femmes en couche arrachées à leur lit et battues.

Nos maux sont à leur comble , et c'est pour cela même que nous espérons en voir la fin.

Vous avez placé votre espoir dans la sagesse des états assemblés , et nous y avons mis aussi nos espérances.

Leur justice prendra en considération les temps présens , qui déjà n'aggravent que trop notre sort.

Nous ne parlerons point des bornes que dans diverses provinces l'on met à notre industrie propinatoire ; les profits n'en étoient pas pour nous ; et comme à autre chose , nous n'y pouvions gagner que l'existence ; mais nous sentons que cette manière d'exister étoit pernicieuse pour le peuple , et nous n'appuierons pas sur cet article.

Mais lorsqu'une nouvelle forme de gouvernement éloigne l'industrie des provinces , le tiers-état chrétien nous a fermé le chemin de la capitale.

Cependant les besoins pressans de l'armée.

occasionnent des demandes fréquentes, et auxquelles les ouvriers du tiers-état chrétien sont loin de pouvoir fournir.

Il est même arrivé que tant de barbarie n'a point tourné au profit de ceux dont le cœur étoit déchiré par la cruelle passion appelée *jalousie de métier*; car les apprentifs et les compagnons, voyant l'extrême besoin que les maîtres avoient d'eux, ont mis leur travail à un prix exorbitant et déraisonnable.

Ainsi nous avons souffert sans aucun avantage pour ceux qui nous faisoient souffrir, et nos maux sont tels qu'il est difficile d'y trouver un remède; car nous demandons à renir dans la capitale, et cependant nous ne sommes jamais sûrs d'en traverser les rues sans être insultés.

Vous-mêmes, messieurs, que le tiers-état a choisis pour le représenter, vous qui parlez avec tant d'éloquence des droits imprescriptibles de l'homme, vous, aux oreilles desquels ont retenti les révolutions étrangères, vous-mêmes peut-être vous nous souffrez avec peine parmi vous, et vous croyez voir la fumée de vos foyers souillée par le voisinage des nôtres.

Écoutez donc notre dernière demande :
la Vistule peut nous séparer. Les habitans
de Prague recevront, sans doute avec plaisir, des hôtes qui hausseront le prix de leurs
loyers, et y porteront une industrie nouvelle. Le péage du pont montera consi-
dérablement ; ce péage et l'éloignement
donnera toujours un avantage assez grand
aux bourgeois de Varsovie, et les juifs
pourront vivre ; ce qui est tout l'objet de
leur ambition.

LETTRE

A l'Auteur d'une feuille de Pologne (1).

M O N S I E U R,

Regardant votre écrit périodique comme une espèce d'histoire de notre révolution, et l'histoire des révolutions actuelles paroissant devoir être toute composée de la succession rapide de ces opinions si générales et si momentanées dont les résultats sont si inattendus, j'ai cru pouvoir vous adresser quelques réflexions sur la crise que les esprits viennent d'éprouver ici, et que de bons observateurs ont regardée comme salutaire et décisive de notre régénération.

La réforme projective du gouvernement avoit été confiée à un comité composé d'hommes d'une prudence consommée, qui

______

(1) Il n'est pas inutile d'observer que cette lettre est d'un Potocki, et n'est qu'une réponse à des objections très-fondées ; réponse que le lecteur saura apprécier.

avoient le bon esprit de chercher non le mieux possible, mais le mieux proposable. Ils desiroient le bien général, et vouloient en même-temps se conformer à la volonté générale, conformité sans laquelle il n'y a point de bien à espérer. Après un travail assidu de près de trois mois, les principes de leur nouvelle constitution furent présentés aux états; ils furent foiblement combattus le premier jour, reçus à l'unanimité le lendemain : mais avant que de pousser plus loin le récit des faits, je crois devoir avertir que je l'interromprai par-tout où je croirai que quelque terme encore mal défini pourroit empêcher que l'on ne vît clairement les effets et les causes : et tel seroit, par exemple, le mot d'*unanimité*, qui, dans un lieu de délibération, ne doit jamais s'entendre d'une entière uniformité de sentimens ; car si une semblable uniformité pouvoit exister, il n'y auroit plus de délibérations. Ainsi, par *unanimité* l'on doit entendre une majorité assez grande pour ne laisser aucun doute sur l'issue d'un *turnus ;* car alors il arrive que l'opposant aime mieux se ranger à l'opinion contraire que de s'exposer à ne voir que cinq ou six membres se ranger à la sienne : or, telle étoit précisément la minorité des adversaires du nouveau gouvernement. Un arithméticien auroit pu, au moyen d'une simple règle de trois, trouver un quatrième terme qui lui eût donné l'opinion de la nation entière. Mais on se flatte toujours, et les opposans rejetèrent les observations qu'auroient dû leur fournir la séance du 22 décembre, quoique le thermomètre y eût fait voir leurs partisans réfroidis à plusieurs degrés au-dessous de la congélation, tandis qu'il montroit beaucoup de chaleur de l'autre côté. Les opposans, comme je l'ai déjà dit, se flattoient encore et attendoient tout autre chose de la nation entière. Cette nation alloit se rassembler pour l'élection des commissaires provinciaux : le pouvoir souverain alloit s'y montrer sous la forme imposante d'une multitude de gentilshommes armés, dont la partie non possessionnée alloit être, dans le nouveau gouvernement, privée du droit d'élection. Le moment parut favorable pour en combattre les principes ; on se permit même d'en présupposer au comité sur des questions dans lesquelles il ne s'étoit pas expliqué. La minorité crut triompher en s'emparant des articles de l'éligibilité de la couronne et de la liberté des paysans. Les écrits incendiaires furent répandus dans les provinces , que l'on croyoit encore remplies de matières combustibles , appelées *ignorance , vieux préjugés , esprit de parti :* mais les provinces étoient dès long-temps préservées de tout embrâsement par une salutaire inondation qui avoit sa source dans la liberté de la presse. Dès le commencement de la diète , une suite nombreuse et ininterrompue d'écrits polémiques avoit éclairé la nation sur les intentions et les lumières de chacun des membres des états ; et il en étoit résulté une confiance entière dans la majorité. Cependant , ses partisans profitoient de la limite de la diète , pour passer leurs sémestres dans leurs provinces respectives ; ils retournoient à leurs commettans pleins d'une modeste défiance , parce qu'avec le sentiment du bien qu'ils avoient fait , ils avoient encore celui du mieux qu'on eût pu faire ; mais leurs concitoyens daignèrent récompenser la pureté de leurs intentions, par les témoignages les plus flatteurs de leur reconnoissance : pourtant tout cela n'étoit

point encore l'opinion des commettans rassemblés, et la capitale attendoit l'issue des
diètines avec une curiosité mêlée de crainte.
Quelle donc ne dut point être la joie de
tous les gens de bien, lorsque les nouvelles
les plus satisfaisantes leur furent apportées
de toutes parts ? Non - seulement tous les
arrêtés de la diète avoient été approuvés,
mais même en plusieurs endroits l'on avoit
touché les questions délicates mentionnées
ci - dessus. Je finirois, ici s'il ne s'agissoit que de montrer, ou plutôt de faire
entrevoir les symptômes de la crise qui,
comme je l'ai dit, semble assurer la régénération actuelle : mais écrivant pour les
étrangers, je crois devoir dire un mot de cette
liberté des paysans, que les philosophes et
les jurisconsultes de l'Europe semblent attendre de nous ; sur quoi voici ce que nous
prenons la liberté de leur représenter : la
Pologne est environnée de trois puissans
états dont les souverains ont certainement
voulu le bien de leurs sujets, et cependant
les paysans sont serfs dans la Poméranie,
la Prusse occidentale, la Bohême, la Mo-
ravie, la Gallicie et dans toutes les Russies.
Mais, me dira-t-on, il y a dans ces pro-

vinces des tribunaux qui décident entre le serf et le seigneur. A cela je réponds que dans la plupart de ces provinces, on s'est apperçu que les plaignans n'avoient pas encore assez de lumières pour savoir se plaindre, et qu'ils n'étoient mus que par le desir stupide et imprévoyant de ne point travailler du tout. Nous savons même qu'en Gallicie, l'on fut obligé de recourir aux moyens les plus violens pour en dégarnir les tribunaux. Ceci rappèle l'usage des grands mandarins chinois ; ils ont à leur porte une sorte de timbale qui s'appèle un *Lo*, le plaignant frappe trois coups dessus, les valets sortent ; et si ce n'est pas une lettre, ils commencent par lui donner cinquante coups de rotin, après quoi le mandarin prend place et écoute la plainte : mais le paysan chinois quitte le tribunal, battu, écouté et content ; au lieu que le paysan de Gallicie n'obtenoit la plupart du temps de son capitaine de cercle, que la première de ces trois choses.

D'ailleurs, la condition de nos paysans n'est point aussi déplorable que de certains philosophes l'ont avancé ; et s'ils veulent s'en convaincre, qu'ils se mettent en route comme faisoient jadis les Pythagore et les Thalès, et qu'ils viennent parcourir nos provinces ; ils verront la grande Pologne remplie de colons allemands, la Lithuanie de colons russes, dont le nombre s'augmente tous les jours ; ils liront en Gallicie les loix contre les émigrans ; enfin, ils connoîtront dans chaque province des hommes particulièrement occupés du bien-être ou de la liberté des paysans, tels que le chancelier Chreptowicz en Lithuanie, le staroste Kopaninski en grande Pologne, le prince Stanislas Poniatowski, et le général d'artillerie Potocki en Ukraine, un M. Chobzynski dans le palatinat de Lenczyc, et tant d'autres dont l'énumération seroit trop longue, et que je termine en concluant à dire :

Premièrement, que tels projets qui paroissent très - simples dans un article de l'encyclopédie (1) ou dans la préface d'un économiste, deviennent ensuite très - com-

---

(1) Les tyrans et les sots prétendent que le paysan polonois n'est pas assez instruit pour qu'on lui donne la liberté. Plût à Dieu qu'on l'eût donnée aux nôtres lorsqu'ils l'étoient moins, nous en serions plus tranqilles !

pliqués dans l'exécution , et que leur per-
fectionnement n'est point comme la végé-
tation spontanée des champignons , qui
croissent dans une nuit, mais plutôt comme
celles des plantes exotiques , qu'il faut long-
temps acclimater dans nos serres.

Secondement , je conclus que s'il est
dangereux de faire en Pologne des loix
sur la liberté des paysans , il est avantageux
d'écrire sur cette matière : premièrement ,
parce que les paysans ne lisent pas , et
qu'ainsi ils ne risquent pas de comprendre
de travers : secondement , parce que les
écrits multipliés font et ont toujours fait
les révolutions ; car , par exemple, si tous
les rhéteurs et orateurs d'Athènes n'avoient
pas, pendant le cours d'un demi - siècle ,
fini tous leurs discours par dire que les
Grecs ne devoient point se battre entr'eux,
mais au contraire se réunir contre la Perse ,
Alexandre n'en auroit pas fait la conquête ;
et si pendant vingt siècles tous les écrivains
n'avoient pas vanté Alexandre, Charles XII
n'auroit point entrepris la conquête de
Moscou, tandis qu'il envoyoit au sénat de
Suède une de ses bottes pour le présider :

forme de gouvernement qui ne seroit plus proposable aujourd'hui ; pourquoi ? parce que l'on a écrit.

J'ai l'honneur d'être , Monsieur , etc. etc. etc.   J. P.

———

LETTRE

Du comte Jean Potocki à un François qui avoit répondu à un apologue dans lequel son Excellence *conseilloit de donner Dantzich et Thorn à la Prusse* (1).

Je n'ai pas répondu à diverses critiques que l'on a faites de mes ouvrages ; je répondrai à l'auteur d'une parodie de mon apologue tartare, et c'est à l'auteur de cette parodie que j'adresserai ma réponse. Et d'abord qui êtes - vous , Monsieur , pour écrire en Pologne sur la chose publique ? y êtes-vous intéressé ? êtes-vous Polonois ? boirez-vous la honte qu'il y auroit à changer de systême ? avez - vous , comme chacun de nous, été nourri dans l'ignominie des reproches que l'on faisoit à notre nation, d'inconstance et d'inconséquence ?

---

(1) Cette lettre prouvera jusqu'où va en Pologne la tolérance des opinions , et combien ces messieurs sont chatouilleux lorsqu'on ose n'être pas de leur avis. Le ton qui y règne donnera une idée de leur politesse envers les étrangers.

P

Qui êtes-vous, encore une fois, pour oser écrire en Pologne, où vous n'avez pas de voix? vous voulez écrire! vous croyez qu'il vous est permis d'écrire, parce que cela ne vous est pas défendu ; vous prenez l'oubli de la loi pour un privilège, mais vos écrits ne sont dangereux que pour la liberté de la presse.

En conscience et sans animosité, je vous assure qu'il m'eût été plus agréable de laisser votre parodie sans réponse : mais aujourd'hui la voix publique est si importante, que la plus absurde clameur des mécontens n'est pas à négliger, et que l'on doit même amortir les vains sons de leur écho.

Il y a dans les mers de l'Italie un poisson du genre des seiches, appelé calamaio ou l'encrier ; l'instinct de cet animal, lorsqu'il est poursuivi, est de répandre un fiel noir comme de l'encre, et de s'échapper subtilement à la faveur de l'obscurité qu'il produit. Mais, Monsieur, la nature n'a point donné cet instinct aux poissons des lacs de votre pays ; et lors même qu'ils auroient le fiel, l'encre et l'intention d'échapper, la subtilité leur manquera toujours. N'est pas sophiste qui veut.

Vous voulez faire accroire aux Polonois qu'ils ne doivent leur liberté qu'à eux seuls; et dans l'innocence de votre littérature, confondant l'apologue avec l'allégorie, vous personifiez la liberté sous la figure d'un génie, que vous opposez au roi de Touran.

Mais peut-être n'étiez-vous pas encore en Pologne, lors de la déclaration du 12 octobre 1788, ce premier mobile de toute la révolution.

Vous voulez insinuer que le roi de Prusse n'a cherché qu'à endormir les Polonois. Eh bon dieu ! qui plus que lui a dit : ayez une armée et une constitution ?

Enfin, vous en revenez à l'arme favorite des frondeurs, je veux dire à la proposition de Thorn et de Dantzick. Mais, Monsieur, ce n'est pas tout que de manier la fronde, il faut tâcher que la pierre ne retombe pas sur celui qui la jète.

Vous commencez par dire que vous n'y entendez pas malice. Cette expresssion est plus dans le style des bonnes femmes du pays de Vaud, que dans celui des gens de lettres. Mais telle qu'elle est, si elle peut s'appliquer aux auteurs du projet de commerce, il s'ensuivra au moins qu'ils igno-

roient les premiers principes des négociations. En effet, peut-on ne pas savoir qu'il
est des bases fondamentales de toutes les
existences politiques ? oseroit-on entrer avec
l'Angleterre dans des négociations contraires à l'acte de navigation ? oseroit-on proposer à la Russie des articles contraires à
l'autocratisme, à la Pologne une garantie (1)?
Or, quelles sont les bases de la puissance
Prussienne ? L'économie et la discipline
militaire : mais vos propositions attaquoient
directement la caisse de crédit, le revenu
des bailliages de Silésie, ceux de la Vistule,
par conséquent la paie des régimens y
assignés.

Je prie mes lecteurs d'y réfléchir. Pour
vous, Monsieur, allez, je n'ai plus qu'un
mot à vous dire.

J'ai entendu raconter qu'il y avoit eu
autrefois chez un seigneur Russe (2) un
précepteur natif de la ville de Quimper, en
Bretagne, qui s'étoit engagé à enseigner

____

(1) Elle n'en aura pas quand elle voudra.

(1) Le sieur comte supposoit que la critique de son
apologue avoit été faite par un François, instituteur
d'un jeune seigneur.

l'Anglois à ses élèves : ceux-ci se donnèrent pendant nombre d'années des peines infinies ; enfin, il se trouva qu'ils ne savoient que le bas - Breton. Je ne dis pas que la différence du Vaudois au François soit si grande, mais il est certain qu'elle existe, et l'on peut consulter les savantes dissertations que M. Bertrand d'Yverdun a faites sur l'origine des différens patois de la Suisse.

J'ai l'honneur d'être, etc. etc. etc.

———

LETTRE

*Du comte Jean Potocki , et comparaison
de ce qu'il appèle la révolution de Pologne avec quelques autres.*

M O N S I E U R ,

Tout en écrivant sur la révolution opérée
dans notre pays , je fais quelquefois des com-
paraisons avec les autres pays où il y a eu
des révolutions. Je vois la France tourmentée par ce fantôme de nouvelle création,
que les gazetiers de ce pays-là ont nommé
contre-révolution ; sorte de revenant qui
apparoît de temps en temps traînant les
chaînes du despotisme ou sous les traits orgueilleux de l'aristoctatie , et auquel les
François sacrifient alors des victimes hu-
maines , qui sont premièrement pendues et
ensuite accusées du crime de lèze-nation.
Gardons - nous de semblables fureurs ; et
tandis que monseigneur l'évêque d'Autun
prouve que les états-généraux ont fait par-

faitement bien , tâchons que ce bien n'arrive point chez nous (1). En effet, ne seroit-il pas possible que l'adresse à la nation, qui semble réunir et combattre victorieusement tous les reproches que l'on peut faire à l'assemblée nationale , ne contînt en effet ni une énumération complète,ni des preuves bien décisives du bien qu'elle s'est vantée d'avoir fait. Ne seroit-il pas possible que quelqu'un demandât quelle est la classe sur qui ce bien est retombé ? car enfin les nobles sont ruinés, les possesseurs d'effets publics ne sont point payés , les marchands n'ont pas de débit , les ouvriers n'ont pas de travail, et les paysans sont obligés de garder leurs moissons à mains armées, parce qu'on veut les détruire , sous prétexte que la chasse est libre. L'évêque d'Autun dit : *voyez comme les jeunes cœurs palpitent de joie et d'espérance.* Mais on pourroit lui répondre que les hommes de quarante ans ont aussi la prétention d'être heureux. L'évêque d'Autun dit que le peuple est heureux : mais si cela est, il

____

(1) Ce vœu étoit bien inutile.

P 4

faut convenir que son humeur n'annonce pas la sérénité et dément un peu cette assertion. Quoiqu'il en soit , nous sommes trop loin et peut-être trop en arrière pour juger du bien qui se fait en France (1) : mais , comme je l'ai dit , nous pouvons toujours nous féliciter de ce qu'il n'est pas arrivé chez nous. En effet , les échafauds n'ont point paré nos places publiques ; non-seulement le sang, mais les larmes même n'ont point coulé (2). L'on ne me montrera personne qui soit plus mal qu'avant la révolution, et tout le monde est mieux. Les Polonois , remis par la nouvelle alliance au rang des nations , peuvent souffrir les maux que toutes elles éprouvent tour à-tour ; leurs provinces peuvent être ravagées, leurs armées peuvent être détruites, mais ils n'éprouveront plus ces maux que le sort sembloit leur avoir réservé , ce supplice qui sembloit inventé pour eux , du mépris universel de leur nation , et auquel participoit si bien chaque individu. Ces temps ne

____

(1) *E vero.*
(2) Attendez encore quelque temps.

sont plus ; mais leur mémoire ne s'effacera jamais , non plus que la reconnoissance due au monarque qui renversa un ordre de choses dont nous n'étions pas seuls coupables ; car enfin , si tout ne plioit pas comme la Pologne ou le Danemarck , les autres souverains , semblables aux rois de l'évangile , venoient porter eux - mêmes et la myrrhe et l'encens, ou du moins l'envoyoient par leurs ministres. Il étoit reçu en politique, que sans cette alliance il n'y avoit point de salut pour un état. Frédéric Guillaume osa le premier apprécier les moyens , et vit combien ils étoient au-dessous de l'audace des entreprises , et sur-tout des expressions ; car aujourd'hui même, c'est encore Louis XIV sur son déclin qui dit : *j'ai toujours été le maître chez moi , quelquefois chez les autres , ne m'en faite pas souvenir.* Effectivement il suffisoit que ses voisins s'en rappelassent ; c'est aussi ce que nous devons faire, et je traiterai ce sujet dans une lettre que je compte avoir l'honneur de vous écrire sur les affaires de la Courlande. A présent j'en reviens au complément de notre révolution , c'est-à-dire à la séance du lundi.

Cette séance s'est tenue *semotis arbitris*; ainsi je n'en puis parler que comme ceux qui étoient sur les escaliers : mais, monsieur, je vous avouerai que l'on n'y étoit point sans inquiétude sur ce qui se passoit dans la salle; car d'un côté l'on considéroit l'inextricabilité du nœud gordien qui unissoit les deux traités de commerce et d'alliance; et de l'autre, l'on ne pouvoit s'empêcher de réfléchir sur les sentimens d'une partie de la chambre, qui, obligée de reconnoissance envers S. M. et comblée de ses bienfaits, pouvoit être forcée à choisir entre l'ingratitude et le sacrifice de son opinion (1); mais ces craintes étoient injustes, S. M. étoit loin d'exiger de pareils sacrifices, et laissant à chacun la liberté de la conclusion, l'on assure que son discours ne contenoit qu'une scrupuleuse énumération des raisons du pour et du contre.

---

(1) De tous ceux qui ont alors renoncé à leur opinion, il n'en est pas d'assez mauvaise foi pour dire qu'ils ont fait un sacrifice.

CONCLUSION.

1º. Un roi dans une monarchie mixte, lorsque pour gagner des voix il use de moyens divers, ne fait autre chose que ce que font tous les rois dans toutes les monarchies mixtes : mais lorsque renonçant à ce genre d'influence, il se contente du rôle de modérateur des conseils d'une nation, il fait rigoureusement bien, et mérite de la part de cette nation reconnoissance et confince, tout comme il mériteroit le contraire par une conduite opposée (1).

2º. Comme l'on n'a jamais vu d'homme parfaitement sage, parfaitement heureux, parfaitement vertueux, de même il n'y a jamais eu dans aucune république d'homme qui, dans tout le cours de sa vie, se soit montré également parfaitement bon citoyen; donc les républicains doivent jusqu'à un certain point adopter le *veniam damus petimus que vicissim* ; sans quoi tout ne seroit que délation et proscription (2).

---

(1) A quoi bon mettre en avant une maxime telle qu'on ne sauroit à qui l'appliquer.

(2) A la bonne heure chez vous.

3°. Comme la réunion de toutes les volontés est l'ame du gouvernement républicain, je crois que l'on doit faire des ponts d'or à ceux qui veulent réellement y revenir (1).

J'ai l'honneur d'être, etc.

---

(1) Qui sait mieux cela que la Pologne ?

DISCOURS

Du comte Zakrzewski (1) , *nonce du palatinat de Posnanie , prononcé le 3 mai
1791.*

Voici le moment qui doit opérer la chûte
ou la délivrance de notre patrie ; le moment
de la soustraire ou de l'abandonner à la
rapacité et à l'extorsion déshonorante de nos
voisins. Le feu du patriotisme sacré *pour la
liberté et l'enthousiasme* embrase univer-
sellement notre assemblée ; mais par malheur l'idée de liberté n'est qu'imparfaite ou
même contraire à la vraie liberté. Est il en
effet d'autre liberté réelle dans un état répu-

----

(1) Il étoit , au moins , possible qu'à la lecture de la
forme constitutionnelle proposée on s'imaginât voir
l'état républicain prêt à céder la place au monarchique ;
L'auteur de cette lettre a essayé d'éloigner cette idée ;
l'embarras où cette entreprise le jète est assez curieux.
Sa lettre a paru imprimée en François à Varsovie ; je
la transcris ici mot-à-mot, et la livre dans toute son
innocence.

blicain, que celle qui donne à chaque individu le droit de législation, le droit de
n'obéir qu'aux loix qu'il a statuées, de ne
supporter d'autre impôt que celui auquel
il a consenti, de ne reconnoître ni magistrats ni juges, qu'il ne les ait lui-même élus ?

Je ne regarde pas ce droit d'élire nos rois
comme une prérogative, mais plutôt comme
l'anéantissement de la liberté. Jamais la nation n'a bien connu ce droit, qui fut moins
le partage des républicains que des aristocrates, qui se le sont approprié et l'ont per-
pétué dans leurs familles jusqu'à la généra-
ration la plus reculée.

Si nous exceptons l'exemple de notre monarque, aujourd'hui régnant, qui sacrifie
son intérêt personnel à l'amour de la patrie,
je ne craindrois pas d'avancer qu'un roi
électif, loin d'être le soutien de ses états,
est le premier destructeur de la liberté,
puisque son penchant naturel pour les siens
le porte aisément à sacrifier la majeure partie du pays pour pouvoir assurer le reste à
ses descendans.

Tout pays où le trône est électif ne peut
se soustraire à l'influence étrangère ni se
mettre à l'abri de la violence, puisque, selon

moi, un roi élu doit être, ou par reconnoissance ou par crainte, soumis aux puissances
étrangères qui, soit pour soutenir ce monarque, soit pour contre-carrer ses meilleures
intentions, s'il s'oppose à leurs intérêts en
voulant améliorer le gouvernement, conso-
lider les forces et augmenter les privilèges
de la nation, travaillent à s'insinuer dans
l'état pour mieux établir leur influence.

Un roi successif, étant par la constitution
nationale assuré du trône pour sa postérité,
n'est pas assez *osé* pour relâcher les ressorts
du gouvernement dans la crainte de tout
perdre. Un tel roi a moins à desirer et plus
à risquer.

J'entends ici avec étonnement comparer
le gouvernement républicain sous des rois
successifs, au despotisme ; mais que cette
comparaisson est mal *adaptée*, puisque dans
ce siècle il n'existe aucun despotisme chez
les nations éclairées, et que les monarques,
même héréditaires, *ont modéré le pouvoir
monarchique !*

Dans le projet de la nouvelle constitution,
la succession au trône la rendra plus solide ;
car suivant moi il y a une grande disparité
entre l'état monarchique et l'état républi-

cain. Celui-ci, comme successif, peut se soutenir des siècles. Mais enfin, quand le gouvernement monarchique seroit établi dans notre patrie, cela ne seroit-il pas moins flétrissant pour le nom Polonois que d'être forcé à souffrir le *partage du pays ?*

La nation, quoiqu'accablée du poids de la monarchie, en perdroit-elle son existence ? ne se nourriroit-elle pas au moins de l'espoir *de récupérer les privilèges de sa liberté ?* Que le pays, au contraire, soit partagé par les autres puissances, n'est-ce pas alors que s'évanouiroit l'espérance de se réunir et de recouvrer sa première existence ?

Les *pacta conventa* qu'on vient de remettre sous nos yeux ne sont pas des actes représentatifs des forces de notre gouvernement et de nos privilèges ; mais plutôt **une véritable** image de l'anarchie, de la violence et de l'usurpation de nos aristocates. Ces actes ne sont pas les garans de notre gouvernement ni de la force de la nation, mais le voile des rapines et du pillage du plus fort, l'appui d'une administration sans bornes, sans responsabilité, et à l'abri des rigueurs de la justice.

Cet amas de conventions soi-disant pour la

la nation, appelées loix fondamentales, est
favorable aux aristocrates, ainsi qu'à ceux
qui font un trafic du trône dans le droit
d'élection, et ne garantit qu'en apparence
les prérogatives des atteintes, et la nation
du partage du pays.

Sire, si vous êtes engagé par serment à
vous conformer aux vues des plus puissans
de la Pologne, et à être favorable à ceux
qui trafiquent la couronne, votre serment
vous oblige aussi à conserver à une nation
libre ses vrais privilèges. Que votre majesté
pèse quels sont ses devoirs les plus sacrés et
ses obligations les plus strictes, d'assurer
la sécurité de la nation ou d'en protéger
les destructeurs.

Nous avons été assez convaincus par les
dépêches de toutes les cours combien peu
il s'en est fallu que le pays ne fût de *nouveau*
partagé, et que de la volonté à l'exécution
de ce projet il n'y avoit plus qu'un pas.
Sire, votre Majesté attendra-t-elle tranquillement cette seconde triste et malheureuse
époque de votre règne ? Nation ! n'ouvriras-
tu pas les yeux, et ne sortiras-tu pas de l'as-
soupissement pour mieux organiser ton pays ?
O vous, ministres zélés pour éterniser vos

privilèges *abusifs*, *illimités*, et sans aucune responsabilité ! Vous, starostes, esprits inquiets sur vos revenus et vos prérogatives ; vous qui trafiquez les droits de la nation que vous vendez aux intrigues de l'étranger ; vous qui formez des projets à votre avantage, non-seulement du vivant du meilleur de nos rois, mais qui portez vos vues dans les règnes à venir ; vous opposerez - vous toujours par cette manœuvre à la formation et à l'exécution des loix qui deviendront le bouclier de notre liberté et l'appui le plus stable de nos forces ? Nation ! ne t'apperçois-tu pas que les puissances circonvoisines, l'une *par vengeance*, l'autre *par intérêt*, une autre enfin pour *s'agrandir*, chercheront à profiter de notre anarchie, et nous rendre victimes de leurs vues de partage ?

Moi, citoyen, et nonce d'un palatinat de nos frontières, je suis le plus exposé, aux premiers troubles et au premier partage, à être écrasé et à perdre jusqu'à mon existence. Je suis si voisin d'une puissance dont les ressources intérieures pour l'augmentation de ses forces sont nulles, et mes palatinats sont si limitrophes d'un monarque qui a besoin de s'enrichir et d'etendre ses limites, qu'il n'est point de pays plus à sa portée, et où il puisse espérer de le faire plus facilement.

Je veux être Polonois libre ; je dois plus à la vertu et à la patrie qu'à mon existence personnelle ; je ne fonde la liberté républicaine que sur la prérogative *de faire les loix, d'établir les impôts, d'élire les juges et les magistrats.* Je n'entrevois de sûreté pour la liberté que lorsque le gouvernement et la force exécutrice auront toute leur énergie. Le trône *électif* n'est qu'un fantôme, ou, pour mieux dire, le tombeau de la liberté nationale.

Sire, il n'y a plus de temps à perdre, ni pour votre majesté, ni pour la patrie. Vous ne pouvez balancer à opter entre la réalité et l'ombre des privilèges d'une nation libre. Voilà le moment de la sauver ou de la perdre pour jamais. Je vous conjure donc de suivre le projet de la constitution nationale, et de reprendre par ordre les articles de la forme du gouvernement.

Sans prétendre prononcer sur le mérite ou le ridicule des discours faits à la diète,

je cite cependant ceux qui ont pu influer
sur les délibérations. Ces différentes pièces
ont d'ailleurs un avantage particulier pour
nous ; elles nous développent les principes
qui dirigent l'esprit public en Pologne, et
peuvent, sous ce point de vue, nous donner la mesure de leurs progrès dans la civili-
sation. Le discours suivant est d'un homme
très-puissant, mais dont le plus grand mérite est d'avoir épousé une nièce du roi.

DISCOURS

Du comte Michel Wandalin Mniszech, grand maréchal de la couronne, prononcé aux états.

SIRE,

ILLUSTRES ÉTATS,

« Né dans un pays libre (1), élevé dans
» les principes de la liberté, jouissant de
» la prérogative de donner librement mon
» avis, mes pensées et mes paroles ne doivent
» connoître d'autre impulsion que celle de
» la vérité, d'autre appui que la loi, d'autre
» but que le bien de l'état. Un objet de la
» dernière importance occupe en ce moment
» mon attention, il s'agit de fixer les bases
» de la constitution nationale. Le sentiment
» d'une conviction intime doit dicter nos

---

(1) On a vu plus haut pour qui la Pologne est un
pays libre.

» opinions sur ce grand intérêt de la pa-
» trie (1).

» Réunis dans ce sanctuaire de la loi par
» un lien fraternel fait pour concentrer nos
» idées, nos sentimens et nos cœurs, dont
» l'union peut seule cimenter le bien de la
» chose publique, ce conflit d'opinions qui
» arrête nos délibérations n'en a pas moins
» une source respectable ; il tient à l'impor-
» tance même de la décision qui doit con-
» cilier le respect dû à nos anciens statuts,
» avec la stabilité des constitutions présentes
» et la sûreté suivie des futures. Cette consi-
» dération essentielle me sollicite également
» d'ouvrir avec franchise mon avis.

» Je ne dissimulerai point ma surprise
» d'entendre ici avancer, avec assurance,
» que la charge sénatoriale n'est qu'un office
» de la nation ; que le sénat n'a jamais par-
» ticipé au pouvoir législatif ; qu'il n'a com-
» mencé que depuis peu à y influer. Comme

___

(2) On aura pu remarquer dans plusieurs endroits
que le sens du mot *patrie* varie suivant le rang de
celui qui l'emploie ; dans la chambre des nonces, *la
patrie* est *l'ordre équestre* ; ici, le mot *patrie* veut dire
le sénat.

» membre de cet ordre respectable, comme
» astreint par le devoir de mon ministère à
» veiller particulièrement à ses prérogatives,
» je dois élever la voix en faveur de mes
» collègues, en faveur de ce conseil fidèle
» de votre majesté, en faveur de tes frères
» aînés, Illustre ordre équestre. En prenant
» leur défense, je ne hasarderai rien qui ne
» soit étayé de la loi et appuyé sur nos
» fastes.

» Nous connoissons les statuts qui re-
» montent au berceau de la nation polonoise.
» Nous n'ignorons ni les mesures graduées
» suivies par nos ancêtres pour arriver à la
» liberté, ni les bases sur lesquelles ils l'ont
» consolidée. *Les noms des ancêtres* sont
» toujours rappelés avec respect, et ils ins-
» pirent le desir de les imiter : nous savons
» au reste que le même ordre, le même
» esprit qui a présidé à l'organisation des
» empires garantit aussi leur conservation ;
» que les changemens subits, dans une cons-
» titution, sont plus souvent pernicieux qu'a-
» vantageux.

» La nôtre subsiste depuis près de quatre
» siècles ; elle a résisté à toutes les secousses
» des orages politiques qui l'ont tourmentée

» plus d'une fois. Des peuples nombreux,
» différens jadis de caractère, de mœurs,
» de coutumes et d'idiômes, réunis succes-
» sivement sous ses loix, n'ont plus qu'un
» même esprit, qu'un même langage et les
» mêmes intérêts.

» Il seroit superflu de s'appesantir ici sur
» les fondemens primitifs des empires. Ils
» ont presque tous la même origine. Un
» guerrier heureux, un intriguant habile,
» un homme en crédit ont tour-à-tour offert
» à l'univers le spectacle étonnant de plu-
» sieurs millions d'hommes asservis à leur
» semblable. Parvenu au faîte de l'autorité,
» l'homme entreprenant a élevé l'édifice de
» sa domination sur les ruines de la liberté
» de ses égaux. Concentrant en lui - même
» toutes les volontés, lui seul ordonnoit de
» tout. Les charges, les récompenses, les
» impôts, les loix, le glaive de la justice,
» la paix, la guerre, tout étoit à sa dispo-
» sition. La noblesse faisoit pour lui la guerre
» et la faisoit à ses frais. Elle déposoit dans
» les coffres du prince le tribut humiliant
» de la servitude. Les officiers de tout rang,
» civils ou militaires, n'étoient pas alors les
» officiers de la nation ou de la couronne;

» mais des serfs attachés à la personne du
» despote , exposés sans cesse à l'inconstance
» de sa faveur ou de son ressentiment.

» Tel est le tableau que nous présente le
» code féodal. Mais enfin l'homme dégradé
» sentit la dignité de son être ; les peuples
» revendiquèrent les prérogatives attachées
» au nom de la nation ; la voix de la liberté
» retentit dans tous les cœurs , et fit éclore
» le gouvernement. Eclairés pas cet instinct
» indestructible , les hommes s'indiguèrent
» de n'être qu'un assemblage de ressorts ma-
» tériels et inanimés , faits pour obéir aveu-
» glément à l'impulsion de la main qui les
» presse. L'ordre se rétablit ; le pouvoir sou-
» verain se trouva réparti avec équilibre ;
» le *ego volo* inexorable du despotisme fut
» changé en *nos statuimus ;* la signification
» d'*imperator* et d'*imperium* fut définie ;
» les officiers du prince devinrent ceux de
» la nation. Tout ce qui avoit été soumis à
» la volonté arbitraire d'un seul , ou n'en
» dépendit plus qu'en tant qu'il se trouva
» d'accord avec le vœu de la nation , ou
» passa entièrement à la disposition *du peuple,*
» ou ne fut reservé au monarque que comme
» une prérogative honorifique attachée au

» rang suprême. Ainsi, la volonté d'un seul
» fit place à la volonté de *tout un peuple* (1);
» mais en partant de cette volonte *générale*,
» j'entends indiquer celle qui est le résultat
» des vœux de toute une nation, représentée
» par un choix limité de personnes assem-
» blées selon certaines formalités, dans un
» lieu et un temps déterminé. C'est quali-
» fier les diètes

» Dans le code de nos loix, les états qui
» formoient ces assemblées sont désignés,
» tantôt par le mot *status*, qui annonce
» leur destination ; tantôt par le mot *ordines*,
» qui indique les différences de rangs ; les
» membres individuels de l'assemblée y sont
» qualifiés sous le nom de *consiliarii, sena-*
» *tores, nuntii terrarum.* Les règlemens,
» les décrets, les arrangemens intérieurs,
» les conventions externes, tout ce qui éma-
» noit de ces *congrés*, composés du roi et
» des états, avoit la force, l'autorité et le
» caractère de la loi.

» Ce n'est que par des gradations succes-
» sives plus ou moins rapides, par des

____

(1) Ici *tout un peuple* veut dire *le senat* et *l'ordre*
équestre.

» voies tantôt paisibles, tantôt violentes,
» que les nations sont parvenues à la liberté.
» La nôtre a été le prix de la vertu. Acquise
» et maintenue légalement, ce n'est pas un
» fruit éclos du sein des orages, mais un
» résultat de la bienfaisance des souverains
» et de la sagesse de nos aïeux.

» Quelqu'absolue que fût l'autorité de nos
» premiers rois jusques vers les temps de
» Casimir-le-Juste, ils étoient néanmoins
» assistés d'un conseil composé des princi-
» cipaux dignitaires. La trace s'est encore
» conservée sous les règnes des Jagellons,
» dont les actes publics portent l'empreinte
» des cachets privés des conseillers. Ce con-
» seil, toutefois, n'avoit que la liberté des
» avis, sans jouir du droit de suffrage décisif.
» Il certifioit la volonté du prince, mais il
» ne la déterminoit pas.

» Son autorité s'accrut sous les descendans
» de Boleslas, surnommé *Bouche-torse*, à la
» faveur du partage du royaume entre les
» fils du prince régnant. Les querelles qui
» divisoient les princes et les affoiblissoient
» les rendoient plus dépendans de la nation.
» La défense de l'état, la sanction des im-
» pôts, devenues le partage de la noblesse,

» lui valurent une influence prépondérante
» dans les affaires. Lorsqu'enfin toutes ces
» petites souverainetés se réunirent sous le
» sceptre de Uladislas Lokiètek , les assem-
» blées générales devinrent législatives , et
» la co-souveraineté de la nation avec le
» trône , établie ainsi sous les derniers Piast ,
» s'affermit de plus en plus sous les Jagellons,
» et acquit toute sa consistance sous les rois
» électifs.

   » Autant il est attesté par l'histoire et le
» code de nos loix que le pouvoir légis-
» latif réside dans les diètes depuis près de
» quatre siècles , autant y est-il suffisamment
» consigné que le sénat exerçoit ce pouvoir
» en commun avec l'ordre équestre.

   » Le titre de sénateur a commencé à être
» consacré sous le règne de Sigismond Ier ,
» titre adopté comme à Rome pour désigner
» les premières charges chez un peuple libre.
» On conserva néanmoins les dénominations
» antiques de conseillers , prélats , barons ,
» pour transmettre à la postérité une idée
» caractéristique de ces charges.

   » Cette observation préliminaire m'a paru
» indispensable pour écarter toute incerti-
» tude , à laquelle l'énoncé , différent , quant
» aux expressions , de diverses loix que je me

» trouverai dans le cas d'alléguer , pourroit
» donner lieu.

» De nombreuses considérations concou-
» rent à constater d'une manière irréfra-
» gable l'inhérence du droit de représen-
» tation nationale à la qualité de sénateur.

» Comme officiers de la couronne affec-
» tés aux palatinats et districts , les sénateurs
» sont tenus , par la nature de leurs charges et
» la teneur du serment , d'y surveiller l'exé-
» cution des loix et l'administration de la
» chose publique. Choisis parmi les indigènes
» de leurs palatinats , ils inspirent d'autant
» plus de confiance à leurs concitoyens , qu'il
» leur est plus difficile d'échapper à la res-
» ponsabilité , *en cas de prévarication ou de*
» *négligence* (1). Ils sont en quelque façon
» les représentans et nonces à vie de leurs
» districts respectifs , tenant cette faculté ,
» comme ceux de l'ordre équestre , de la
» même source , du vœu de la nation qui a
» abandonné au roi la nomination à ces
» charges. De-là résulte pour eux l'obligation
» d'assister aux diétines et aux diètes , où ils
» délibèrent , discutent et prononcent en

---

(1) Nous avons une belle occasion de nous assurer
si cette responsabilité est vraie ou chimérique.

» commun avec l'ordre équestre. Aussi on
» ne trouve point d'exemple d'une diète ,
» soit libre , soit confédérée , où ils n'aient
» participé. Ils y influent comme frères aînés ;
» qualification honorable consacrée par l'u-
» sage et l'aveu même des nonces terrestres.
» Dans l'intervalle des diètes , leur devoir ,
» comme conseillers du souverain , est tracé
» dans l'obligation : *ne quid detrimenti res-*
» *publica patiatur..*

» Ils forment une barrière intermédiaire
» entre la liberté et le trône. Lors de la tenue
» des diètes , leurs noms se trouvent à la tête
» de tous les actes. Les examens , les juge-
» mens , les signatures , les députations , tout
» exige leur influence commune avec l'ordre
» équestre ; et quoique délibérant séparé-
» ment , toute proposition mise sur le tapis
» dans la chambre des nonces leur est com-
» muniquée , pour être en même-temps dis-
» cutée , débattue et résolue , comme ayant
» besoin , pour acquérir force de loi , du con-
» sentement de tous les ordres. Enfin , l'unité
» des devoirs d'un sénateur et d'un nonce ,
» comme étant également astreints à être
» présens aux délibérations , et également
» responsables de leur négligence ; l'unité
» de leurs prérogatives , comme jouissant de

» la même sauve-garde pendant la durée de
» leurs fonctions , prouvent avec évidence
» une identité de vocation , d'influence, de
» pouvoir entre ces deux ordres , et leur con-
» cours égal à la législation. Autrement la
» dignité sénatoriale , ce prix des services
» rendus à l'état , ne seroit qu'une vraie dé-
» gradation ; l'avantage de l'expérience ,
» une cause d'éloignement , et le conseil
» des rois et de la republique une institution
» illusoire.

» Un rapprochement succinct des diètes
» les plus intéressantes suffira pour constater
» la vérité exacte de toutes ces allégations.

» Soit qu'on remonte au temps des pre-
» mières assemblées nationales , composées
» du roi , du sénat et de la noblesse , soit
» qu'on s'arrête à l'époque postérieure où
» le roi et le sénat statuoient avec un nombre
» indéfini de nonces , soit enfin qu'on s'atta-
» che à la forme actuelle de nos diètes qui
» a circonscrit le nombre de ces derniers ,
» on verra que le sénat , nonobstant les
» changemens survenus dans l'organisation
» du corps législatif, y a toujours conserve-
» le même concours , la même influence,
» la même prééminence.

» Sous le règne de Casimir-le-Grand, il y
» eut des assemblées provinciales, il y en
» eut de générales. Le prince statuoit avec
» tout son conseil spirituel et temporel. Les
» loix sanctionnées à la diète mémorable de
» Wislica portent en tête : *unà cum praela-*
» *tis, baronibus, alterisque nobilibus ac*
» *subditis nostris.*

» Casimir descend au tombeau, Louis, roi
» de Hongrie, son successeur, n'a qu'une
» fille ; il s'élève une question de la plus
» grande importance. Il s'agit de décider si,
» à défaut d'hoirs mâles, les femmes peuvent
» succéder au trône. Louis convoqua une
» diète à Koszye ; le sénat, la noblesse s'y
» rendent : ils défèrent au vœu du monar-
» que, on statue : *Nos Ludovicus, baronum,*
» *militum, nobilium, ac aliorum omnium*
» *consensu et voluntate accedente, etc.*

» A la mort de Louis, les provinces réu-
» nies de la grande et de la petite Pologne
» confirment à Radom, de concert avec le
» sénat, la sanction de Koszye, relative-
» ment à la succession des filles à la cou-
» ronne : *Omnes unanimiter et concorditer.*

» A la famille des Piast succéda la maison
» des Jagellons. Le même concours de tous
» les

» les ordres, la même égalité d'influence se
» soutint constamment sous les sept rois de
» cette dynastie. Lorsque Jagellon établit en
» Lithuanie un sénat à l'instar de celui de
» la couronne, il voulut qu'il s'unît à la no-
» blesse pour consulter, pour délibérer, pour
» sanctionner les loix en commun. Nous en
» avons pour garant l'ordonnance même qui
» a établi ce sénat, datée de 1413. *Officia*
» *haec terrae perpetua ad consilia nostra ad-*
» *mittantur, et iis intersint dum pro bono pu-*
» *blico tractatus celebrabuntur.* Il s'est tenu
» cinquante-quatre diètes sous les Jagellons.
» On lit à la tête de tous les actes de ces
» diètes les expressions suivantes : *de l'avis*
» *du consentement et volonté des sénateurs,*
» *barons et conseillers.* Ici le doute s'éva-
» nouit pour faire place à l'évidence.

» Dans cette longue période de près de
» deux cents ans, les diètes subirent à la vé-
» rité divers changemens, soit relativement
» au lieu de leur tenue, soit par rapport au
» nombre des représentans, soit enfin quant
» aux formalités observées dans les délibéra-
» tions ; mais le pouvoir législatif a résidé
» invariablement dans la réunion du roi, du
» sénat et de l'ordre équestre.

R

» D'abord, quant au lieu de ces assem-
» blées ; différentes villes du royaume fu-
» rent successivement honorées de ce choix
» jusqu'à ce qu'enfin, en 1569 , cette pré-
» rogative devint le privilège constant de
» la cité de Varsovie.

» La formation des diètes éprouva éga-
» lement des changemens successifs. La no-
» blesse s'y rendoit collectivement jusqu'à
» l'année 1468. Ce n'est que depuis ce
» temps que, d'après nos chroniquaires,
» les palatinats et districts commencèrent
» à y envoyer des représentans , d'abord
» très-nombreux, comme le furent jusqu'à
» nos jours ceux de Prusse ; ils se trouvèrent
» réduits à un nombre plus limité en 1540.
» Par le statut de Sigismond Ier , le grand
» maître de l'ordre Teutonique , le duc de
» Prusse , les princes de Stuck étoient dans
» l'usage de prendre place au sénat ; en
» 1569 , Sigismond Auguste fixa le nombre
» et régla les rangs des sénateurs. La pré-
» sence active aux diètes devint le partage
» exclusif de ceux qui s'y trouvèrent comme
» représentans de la nation , appelés par
» le souverain. Or cette représentation ef-
» fective des sénateurs se démontre par une

(259)

» suite de constitutions , dont les expres-
» sions à cet égard sont claires et précises.
» Le statut de Jean Albert de l'année 1496
» porte ces termes : *idcirco nos Joannes*
» *Albertus, etc. cum praelatis, baronibus,*
» *nobilibus, terrarumque nuntiis, ac sub-*
» *ditis universis nostris, spiritualibus et*
» *saecularibus in hac conventione gene-*
» *rali petricoviensi existentibus, corpus*
» *ejusdem regni, cum plena facultate ab-*
» *sentium representantibus, etc.*

» L'énoncé du statut d'Alexandre, émané
» en 1503, n'est pas moins décisif. *Nos*
» *Alexander, etc. dum conventionem in-*
» *dixeramus generalem, fuit per universos*
» *regni nostri praelatos spirituales et sae-*
» *culares ac terrarum nuntios, universum*
» *corpus regni representantes, celebrata*
» *conventio generalis, etc.;* et plus bas,
» *utriusque status consiliariis nostris.*

» Un autre statut du même roi, de l'an-
» née postérieure 1504, ne s'énonce pas
» moins clairement en ces termes : *corpus*
» *regni representantium; praesertim vero de*
» *unanimi voluntate et laudo reverendissimi*
» *reverendorum ac magnificorum genero-*
» *sorum, etc.;* et à la suite des noms des

» sénateurs : *item in praesentia universo-*
» *rum nuntiorum de singulis terris misso-*
» *rum et consentientium.*

» L'acte de l'assemblée de Radom , en
» 1505 , vient encore à l'appui de ces sta-
» tuts : *Nos Alexander , etc. statuimus ut*
» *deinceps futuris temporibus perpetuus*
» *nihil non constitui debeat , per nos et*
» *successores nostros , sine communi consi-*
» *liariorum et nuntiorum terrestrium con-*
» *sensu.*

» Enfin , le statut de Sigismond Ier ,
» émané à la diète de Petricau en 1510 ,
» achève de consacrer la plénitude de la
» prérogative sénatoriale : *quicumque prae-*
» *latos , baronos , et consiliarios regni sta-*
» *tûs cujuslibet , et item nuntios nostra ac*
» *reipublicae negotia obeuntes , ad con-*
» *ventus publicos proficiscentes , et in iis-*
» *dem conventibus manentes , etc. quoque*
» *modo invadere et violare ausus fuerit ,*
» *crimine lesae majestatis reus judicabitur.*

» Il en résulte une égalité de devoirs ,
» de prérogatives et d'immunités entre les
» sénateurs et les nonces ; les uns et les au-
» tres se trouvant , à raison de l'inviolabi-
» lité de leur caractère , sous la sauve-garde

» des droits de majesté , comme représen-
» tant effectivement la majesté de la répu-
» blique ; les uns et les autres étant éga-
» lement astreints , sous l'animadversion de
» la loi , d'être présens aux diètes ; comme
» constituant le corps de la république.

» Il importe ici de distinguer les deux
» aspects sous lesquels on peut considérer
» le corps national , lors des diètes ou dans
» l'intervalle de ces assemblées. Dans cette
» dernière époque , la charge sénatoriale
» n'est à la vérité qu'un office de la nation,
» restreint à la surveillance de ce qui tient
» à l'exécution des loix ou à la sûreté de
» l'état. Un sénateur placé dans une ma-
» gistrature devient juge ; en vertu de sa
» charge il se montre en toute occasion à
» la tête de la noblesse de son district ; il
» siège à ses comices ; appelé auprès du
» trône pour former le conseil du souve-
» rain , il veille à l'intégrité des libertés
» nationales et des loix. Mais lorsque la
» nation , invitée par le roi , est assemblée
» en diète ; lorsqu'un sénateur vote comme
» membre de ce conseil général ; lorsqu'il
» y prend la parole dans le tour de son pa-
» latinat, lorsqu'il siège dans le congrès

R 3

» législatif, et qu'il est obligé , ainsi que le
» nonce, de suivre l'instruction sanctionnée
» aux diétines ante-comitiales, où il a préala-
» blement présidé comme coopérateur ac-
» tif, ce n'est plus alors un simple officier,
» mais un membre de la nation ; il est le
» représentant perpétuel de son district,
» comme le nonce l'est pour un temps
» limité.

» Cette forme de notre constitution ne se
» développa que graduellement. On circons-
» crivit d'abord l'autorité des rois par des
» *pacta conventa ;* on prescrivit ensuite le
» droit de succession du trône ; enfin , la
» diète d'union régla définitivement les pré-
» rogatives du sénat et de l'ordre équestre.
» Voici les termes de la constitution : *Les*
» *deux nations n'auront qu'une même diète ,*
» *qu'un même conseil, et un même roi ; les*
» *sénateurs respectifs prendront place en-*
» *semble et les nonces de même , pour dé-*
» *libérer en commun sur les affaires pu-*
» *bliques ,* (les expressions suivantes sont
» à remarquer) *soit aux diètes, soit hors les*
» *diètes.* Ce qui prouve que les arrêtés de
» cette assemblée , ainsi que des diètes pos-
» térieures, ne furent plus qu'une émanation

» de l'autorité individuelle du souverain;
» mais le résultat des volontés du roi, du
» sénat et de l'ordre équestre.

» la prépondérance de l'influence natio-
» nale s'affermit de plus en plus sous les
» rois électifs. A la diète d'élection qui porta
» sur le trône *Henri de Valois*, on sanc-
» tionna un impôt. —— Cet acte de l'auto-
» rité souveraine caractérise bien la pléni-
» tude de cette autorité dans l'assemblée
» dont il émanoit : le préambule de l'univer-
» sal porte : *Nous, conseillers d'état, tant*
» *ecclésiastiques que séculiers, ensemble*
» *avec tout l'ordre équestre et les autres*
» *états de la couronne et du grand duché*
» *de Lithuanie, comme représentant pleine-*
» *ment une seule et même république, et*
» *exerçant toute son autorité et surveil-*
» *lance après le décès de notre seigneur*
» *et roi, Sigismond Auguste, etc.*

» Ainsi le pouvoir législatif des diètes
» résidoit, du vivant des souverains, dans le
» roi, le sénat et l'ordre équestre ; et lors de
» la vacance du trône, dans la réunion de
» ces deux derniers ordres.

» Henri monta sur le trône. Les con-
» ventions faites avec ce prince fixèrent les

» bornes de l'autorité royale , et assurèrent
» à jamais l'étendue de celle des diètes
» futures.

» L'article VI de la confirmation de ces
» pactes , par Etienne Batori , détermine le
» nombre des sénateurs destinés à former le
» conseil du roi , à l'effet de veiller à l'exé-
» cution des loix et à l'administration pu-
» blique entre les diètes ; il les rend respon-
» sables de toute prévarication ; il établit les
» *senatûs consilia* , et astreint le roi a appuyer
» celle des opinions qui lui paroîtra la plus
» conforme aux loix. Mais il porte en même-
» temps que cette forme de décision par le
» roi , avec la pluralité des sénateurs, adop-
» tée par les arrêtés du conseil , n'est point
» applicable aux diètes , où doit être statuée
» du consentement de tous les ordres. Cela
» éclaircit suffisamment la double destina-
» tion des sénateurs. Législateurs aux diètes ,
» ils sont chargés de l'exécution des loix
» dans l'intervalle de ces assemblées.

» Toute gestion publique doit être assu-
» jettie à certaines règles, à certaines solem-
» nités destinées à en consacrer l'authen-
» ticité , et dont l'omission lui imprime un
» caractère d'illégalité et d'insuffisance. De

» tous nos actes publics, le plus auguste,
» sans contredit, est celui d'une diète légis-
» lative. Aussi ces assemblées nationales se
» forment-elles d'après des règlemens ana-
» logues à leur destination. On a désigné
» un lieu fixe pour leur tenue, afin de pré-
» venir les associations clandestines et irré-
» gulières. On a circonscrit avec prévoyance
» le terme de leur durée, pour empêcher
» l'intrigue, ou d'en imposer au vœu natio-
» nal à la faveur d'une trop grande précipi-
» tation dans les conseils, ou d'en énerver
» les effets par des lenteurs adroitement sou-
» tenues. On a fixé la forme de leur convo-
» cation, soit par des lettres circulaires du
» roi adressées aux sénateurs, soit par les
» universaux expédiés à tous les palatinats
» pour l'ajournement des diétines ante-comi-
» tiales, par l'envoi des *délégués* du roi à
» ces diétines. Le jour de l'ouverture de l'as-
» semblée, sa durée, l'époque de sa clô-
» ture, tout est prescrit, indiqué, et trans-
» mis à la notoriété publique. Enfin, les
» prérogatives, les pouvoirs respectifs des
» ordres et des membres individuels de la
» diète ont été réglés et déterminés de ma-

» nière que, rapprochés par l'analogie de
» leur vocation, de leur mission, réunis sous
» un seul et même chef, ils puissent con-
» courir également, chacun de sa place,
» à former le résultat d'un vœu général.
» Telle a été parmi nous l'organisation heu-
» reuse du pouvoir législatif, dont l'esquisse
» ébauchée sous les Jagellons fut portée à sa
» perfection sous les rois électifs. Le sénat
» et l'ordre équestre assemblés dans leurs
» chambres respectives délibéroient sépa-
» rément, mais ils décidoient toujours en
» commun. Ce point étant le plus important
» à éclaircir, ce qui me reste à alléguer achè-
» vera d'en démontrer l'évidence.

» Le statut d'Alexandre, confirmé par Si-
» gismond I, fixe d'abord que le roi seul
» ne peut sanctionner aucune loi. Réuni
» avec le sénat, il ne peut non plus que sta-
» tuer provisoirement ; ainsi le portent les
» pactes passés avec le roi Henri, et la cons-
» titution de 1588, qui prononce touchant
» les affaires réservées au pouvoir de la
» diète.

» Que la faculté législative ne soit pas
» non plus l'appanage exculsif de l'ordre

» équestre ; c'est sur quoi le rapprochement
» de plusieurs constitutions ne laisse aucun
» doute.

» D'abord celle de 1588, déjà citée, porte
» en termes : *Les loix passées du commun*
» *accord des ordres de la diète doivent*
» *être souscrites par une députation nom-*
» *mée pour cet effet, et composée de mem-*
» *bres du sénat et de l'ordre équestre. Elles*
» *seront lues à hautes voix et déposées en-*
» *suite à la chancellerie, moyennant la ré-*
» *quisition préalable faite par les gardes-*
» *des-sceaux, de notre consentement et de*
» *celui des seigneurs, états et nonces, pour*
» *y apposer le sceau de l'état.*

» La constitution de 1633, ayant pour titre :
» *Clôture de la diète*, s'énonce ainsi :

» *Voulons que dorénavant, à chaque*
» *diète libre de six semaines, les nonces*
» *terrestres se rendent, pour les cinq derniers*
» *jours qui en précèderont la clôture, par-*
» *devant nous et notre conseil, pour faire*
» *lecture de ce qui sera convenu dans la*
» *chambre des nonces, à l'effet de s'en-*
» *tendre avec nous et le sénat sur les affaires*
» *de la république, et procéder à la con-*
» *clusion de la diète, de manière que celle-*

» *ci ne dure ni plus ni moins de six semaines.*

» Cette clause a été confirmée par une
» constitution de 1678, intitulée : *déclara-*
» *tion sur les diètes.* — Et par une autre pos-
» térien e de 1690, intitulée: *éclaircissement.*

» La loi de 1661, concernant l'enregistre-
» ment des constitutions, est conçue dans le
» même esprit; elle porte : *renouvelant toutes*
» *les anciennes loix, et particulièrement*
» *celle de 1613, voulons que les maréchaux*
» *de l'ordre équestre fassent transcrire au*
» *net toutes les constitutions qui auront reçu*
» *le consentement des trois ordres, et que*
» *munies de la signature des sénatsurs et*
» *des membres de l'ordre équestre députés*
» *par nous à cet effet, elles soient déposées*
» *au greffe de Varsovie.*

» On reconnoît enfin le même vœu de la
» loi dans les clauses de la formule des ser-
» mens prescrits par la constitution de 1678,
» tant pour le maréchal de la diète, où il
» est dit : *les constitutions, etc., convenues*
» *par le sénat et la chambre des nonces, etc.,*
» que pour les députés à la rédaction des cons-
» titutions, qui s'engagent *de ne munir de*
» *leurs signatures, ni laisser insérer dans*
» *le volume des loix aucune constitution*

» qui n'ait été agréée et consentie par tous
» les ordres.

   » Illustres états, cette série de statuts dont,
» après une recherche approfondie, je viens
» de vous présenter le résumé, offre-t-elle
» le moindre trait qui puisse faire soupçon-
» ner l'intention de la loi, d'écarter le sénat
» de la législation ? Ne coucourent-ils pas
» tous à démontrer que depuis la fondation
» de la république ce pouvoir éminent ré-
» side dans la réunion des trois ordres ; que
» ces ordres délibéroient séparément, mais
» décidoient toujours en commun ; que la
» tenue du serment du maréchal, de l'ordre
» équestre, et des députés pour la rédaction
» des constitutions ; que la clôture de la
» diète se faisant toujours en pleine assem-
» blée ; que l'obligation imposée aux gardes-
» des-sceaux de requérir le consentement du
» roi, du sénat et de l'ordre équestre pour
» le scellé des constitutions ; que les termes
» adoptés pour qualifier ces assemblées *co-*
» *mitia omnium ordinum*, que la formule
» également usitée *in corpore reipublicae*,
» formule qui indique la plénitude des états;
» que toutes ces formalités et ces usages dé-
» terminent d'une manière non équivoque

» la nature , les bases et l'organisation de
» notre constitutiou , et que ce corps poli-
» litique ainsi constitué , cette représenta-
» tion nationale a toujours été vivifiée , nour-
» rie et maintenue par un esprit d'union ,
» de concert et de correspondance parfaite.

» De ces assertions prouvées résultent les
» vérités suivantes :

» Que la nation polonoise , passant de la
» servitude féodale à la liberté individuelle ,
» à la propriété territoriale , est parvenue
» graduellement à partager avec ses rois la
» puissance législative.

» Que cette nation se montre dans toute
» la plénitude d'un corps national aux diètes
» d'élections , par la réunion individuelle
» de tous les citoyens.

» Que sa représentation législative , for-
» mée d'abord d'un nombre indéfini d'indi-
» vidus , fut ensuite restreinte à un nombre
» déterminé de sénateurs et de nonces.

» Que depuis l'origine de nos diètes les
» principaux dignitaires de la nation , dési-
» gnés sous le nom de conseil d'état ou de
» sénat , siégeoient à ses assemblées comme
» ses représentans ; que toutes les décisions ,
» les loix , les constitutions , les statuts ,

» étoient sanctionnés par tous les ordres ,
» formant le corps de la république , de leur
» commun accord , consentement et volonté ;
» ainsi que l'attestent les préambules de ces
» loix.

» Et s'il en est ainsi , pourquoi rom-
» pre cette union sacrée entre les mem-
« bres d'un même état ? Pourquoi résilier
» ce nœud fortuné qui réunit nos cœurs ,
» nos sentimens et nos efforts dans le tem-
» ple où doit régner la paix , l'égalité ci-
» toyenne , la concorde fraternelle ? Pour-
» quoi chercher à affoiblir la force du lien
» que ni les révolutions domestiques , ni
» les orages externes n'ont pu jusqu'ici re-
» lâcher ? Pourquoi restreindre l'influence
» d'un ordre également privilégié ? Pourquoi
» enfin attacher au nom de sénateur l'idée
» défavorable d'un coopérateur dont on con-
» teste et souffre avec peine le concours ?
» Je finirai mon discours en rappelant cette
» maxime ancienne dont l'expérience a dé-
» montré la justesse : *Imperia iisdem arti-*
» *bus reguntur quibus subsistunt* ».

OPINION

Du roi Stanislas sur la police (1).

ON ne peut se rappeler sans horreur ces premiers temps où les hommes épars dans les campagnes vivoient séparés les uns des autres. Ennemis de la dépendance , ils ne connoissoient d'autre vertu qu'une brutalité féroce , ni d'autres moyens de subsister que la fraude , la trahison , les violences , les meurtres. Eh ! combien devroient-ils aimer ces crimes affreux , puisqu'ils y avoient attaché la nécessité même de vivre ! On ne voyoit parmi eux ni bienséances , ni devoirs , ni sentimens : chacun d'eux , étranger parmi ses semblables , l'étoit peut-être aussi au milieu même de ses proches. Pour tout dire , en un mot , il n'en étoit point

---

(1) Ce discours d'un grand prince prouve que l'on ne doit pas attribuer à défaut de bons conseils la barbarie où croupissent encore les Polonois, et le peu de cas qu'ils font de la police.

qui

qui ne parût être né pour détruire l'espèce humaine. On convint d'arrêter le cours d'une licence effrénée ; on se rassembla. On vit la subordination succéder à l'indépendance, l'ordre au libertinage : les passions furent désarmées par la crainte ou par la raison. La société prêta aux foibles toute sa force pour les garantir de l'oppression ; les alarmes cessèrent, et tout devint tranquille sous la protection des loix.

Ce fut alors que parut pour la première fois dans le monde cette police qui est l'ame des états, et qui seule en fait mouvoir les ressorts pour le bonheur de ceux que la providence y a fait naître. C'est elle qui entretient la paix, malgré la différence des rangs et des conditions *qui sembleroient vouloir la détruire.* Elle y cimente l'union par des besoins naturels, et fait servir au soutien et à la beauté même du gouvernement le désordre qu'*appèle l'inégalité des partages.*

Mais que nous serviroit de nous être réunis, si la police ne continuoit d'arrêter le cours de nos désordres ? et ne serions-nous pas d'autant plus à plaindre que, ne pouvant nous éviter, nous aurions plus à souf-

S

frir de l'insolence de nos desirs, et de cet esprit de domination qui semble empreint dans le fond même de notre nature ?

Aussi, malgré tout ce que j'ai dit jusqu'à présent pour mettre la république dans une situation heureuse, je croirois n'avoir rien fait si elle ne reprenoit un nouvel être en rétablissant l'ordre qui doit l'animer et la soutenir ; que seroit-elle en effet cette république, qu'un corps inanimé, si toutes ses parties ne se prêtoient du secours l'une à l'autre ; et si chacune, contente de ses fonctions, ne concouroit à former une espèce d'unité sous l'auspice des loix qui doivent leur être communes ?

Le roi est le chef de ce corps dont je parle ; il doit travailler à sa conservation, le maintenir dans ses droits, et chacun des membres qui le composent dans leur liberté naturelle : il doit confondre les vices par la justice, mériter l'amour des citoyens par sa clémence, et nous animer par ses bons exemples à la pratique des vertus

Le sénat est comme le buste et le tronc de ce corps, il en renferme les parties les plus nobles ; ferme et impénétrable, il doit les défendre et les garantir ; parer les coups qu'on leur porte ; et , pour achever une comparaison qu'on me pardonnera sans doute, il faut qu'il ménage la liberté comme un souffle précieux qui périroit du moment qu'on s'aviseroit de le contraindre.

Les ministres sont le cœur qui donne du mouvement au corps ; ils sont le centre où toutes les affaires doivent aboutir et revenir sans cesse par une espèce de circulation. Leur amour pour la patrie doit échauffer et ranimer tous les membres ; et il n'en est point qui doivent être plus vivement affectés de tout ce qui intéresse son repos et sa gloire.

Ceux qui composent l'ordre équestre sont les bras de ce corps ; eh ! qu'auroit-il à craindre, ou que ne pourroit-il pas entreprendre s'ils s'accordoient tous à lui prêter les secours dont ils sont capables ?

Le peuple, enfin , je le considère *comme les pieds de ce corps* (1). Ce peuple, tout pauvre , tout misérable qu'il est, en est véritablement l'appui ; c'est sur lui que

____

(1) Il y auroit bien quelque chose à dire à cela ; mais enfin , de l'aveu d'un roi , il est quelque chose

porte cette machine immense ; eh ! plaise au ciel qu'il puisse toujours suffire à la porter !

Ce n'est que du concours mutuel de tous les divers états de la république que dépend sa force et son pouvoir ; et ce n'est que l'ordre civil et politique qui, étant l'ame de ce corps, peut les réunir en réprimant les passions qui les portent à faire schisme entr'eux, et qui tendent toujours à les faire subsister séparément et aux dépens les uns des autres.

Trois choses sont nécessaires pour le maintien de cet ordre ; comme nous ne pouvons mieux le considérer que sous l'idée d'une ame qui règle et anime l'état, il doit avoir les trois facultés qui sont propres à notre ame, la volonté, la mémoire et l'entendement. Cette idée paroîtra singulière ; mais elle renferme un grand fond de vérité.

Je voudrois d'abord que chacun fût persuadé que s'il ne peut avoir ce qu'il veut, il ne doit pas vouloir ce qu'il n'a pas. La diversité des opinions ne sauroit avoir des suites dangereuses dans un état où les sujets se disputent l'honneur de l'obéissance, et se piquent d'une aveugle soumission aux

ordres du souverain. L'autorité suprême
arrête la fougue des esprits ; et si elle n'empêche la contrariété des sentimens, elle les
empêche du moins de se produire ; tout
plie sous la volonté d'un monarque , et son
empire assure l'ordre, bien loin de le troubler.

Il n'en est pas de même dans un état républicain ; autant de sujets , autant de volontés différentes. L'amour même de la règle
y met la confusion. Ce ne sont pas toujours
les aigreurs , les animosités , les jalousies
qui font contraster les opinions ; les intérêts
communs , le goût du devoir , le zèle ,
l'honneur , la vertu les partagent. Ces sentimens , si louables d'ailleurs , se modifient
en tant de manières , selon la variété des
idées , ou , pour mieux dire , selon la diversité des humeurs , qu'ils ne peuvent se
concilier , et qu'une république tombe presque nécessairement dans l'anarchie, tout y
devenant arbitraire , jusqu'aux loix même
qui doivent régler les mœurs.

Comment remédier à ce désordre , si l'on
ne détruit cette foule de volontés qui se
heurtent sans cesse ? Il faut absolument
qu'elles se réunissent dans un seul principe
qui leur inspire les mêmes vues et les mêmes

motifs ; il faut que, comme tous les membres
du corps humain ne reçoivent le mouvement
que d'une seule ame , toutes ces volontés
n'agissent que par le même esprit.

Mais cet esprit n'est pas cette liberté al-
tière qui nous conduit d'ordinaire , et qui
nous conduit si mal. Qu'elle entre dans nos
desseins, à la bonne heure ; mais qu'elle n'y
ait part qu'autant qu'ils sont possibles et
avantageux à l'état. C'est cette liberté qui
autorise la contrariété de nos sentimens ;
trop souvent elle en est l'unique source ;
malheureusement plus on veut la resserrer
dans ses bornes , moins il est aisé de la contenir. C'est un torrent d'autant plus impé-
tueux , qu'on lui oppose de plus fortes digues ;
et une fois débordé , il ne cesse de s'étendre. Rien n'est plus contraire au bon ordre
que cette liberté ; il n'est point de loix
qu'elle ne regarde comme une servitude,
et si elle les reçoit , ce n'est qu'en se ré-
servant le pouvoir de les enfreindre.

Ce n'est point là cet esprit que je propose,
et qui doit mettre dans nos volontés un rapport si parfait qu'elles n'en paroissent plus
qu'une seule ; il ne nous est pas permis de
vouloir tout ce qui nous est libre de faire,

Quel moyen cependant de parvenir à cette conformité d'idées, à cette unité d'opinions d'où doit résulter le maintien de l'ordre et le bonheur d'un état républicain ? Rien ne seroit plus aisé , si chacun régloit sa volonté sur trois maximes générales.

1°. Un sentiment secret, imprimé dans nos ames par les mains mêmes de la nature , pourroit presque seul rapprocher nos esprits et nos cœurs pour l'avantage de la société dont nous sommes membres. Ce sentiment exige de nous une entière conformité de nos pensées avec la volonté de Dieu , seul maître souverain de toutes les intelligences. Les vues, les desseins de cet être suprême doivent régler nos vues et nos desseins ; et si les idées de tous nos citoyens étoient parfaitement d'accord avec cette loi essentielle, immuable, universelle, ne le seroient-elles pas entr'elles .Eh ! quelle diversité d'opinions y auroit-il dans notre état et sur ce qui le regarde en général , et sur les intérêts réciproques de ceux qui le composent?

2°. Il est encore un point fixe où nous devons rapporter toutes nos pensées et toutes nos actions. En effet , s'il est un ordre d'idées éternelles qui doit diriger nos affections ,

il en est un autre formé par le consentement
des hommes , auquel nous devons assujétir
tous nos sentimens ; l'un, est indépendant de
nos opinions et de nos goûts , et ne relève
absolument que de la volonté de Dieu; l'autre,
est aussi immuable et nécessaire , parce qu'il
est fondé sur les idées primitives de la raison,
et qu'il est approuvé par tous ceux qui se
trouvent réunis dans un même corps de
cité ou de république. C'est cet ordre qui
nous maintient dans une exacte subordination , sans détruire notre égalité naturelle ,
et tout nous engage à l'observer ; un sentiment naturel et intime d'humanité, l'amour
que nous devons à nos frères , notre propre
intérêt, le bien général de la société où nous
sommes obligés de vivre. Cet ordre met une
barrière à la liberté sans la détruire , et la
perfectionne au contraire en l'empêchant de
se perdre à force de s'égarer. Mais la libertté
doit ménager cet ordre qui éclate dans les
loix de nos pères , dans celles que nous nous
sommes données à nous-mêmes ; le même
principe qui nous a engagés à les établir
doit nous porter à nous y soumettre.

3°. Un plus pressant motif doit réunir
nos volontés : c'est un amour aussi naturel

que celui de nous-mêmes ; cet amour, c'est l'amour de la patrie ; il ne peut que nous inspirer des sentimens uniformes, si nous préférons toujours le bien public à nos avantages particuliers ; si, libres de passions et sans aucun retour sur nous-mêmes, nous n'avons en vue que le salut de l'état, et si nous ne varions tout au plus que sur les moyens de rendre cet état heureux et tranquille.

Combien notre liberté nous seroit-elle salutaire si nous n'avions tous qu'une seule et même volonté dans tout ce qui regarde le bien du royaume ? Il nous est possible d'en venir à cette heureuse unité. Nos volontés particulières n'ont besoin que d'elles-mêmes pour ne plus être en opposition avec celles de nos concitoyens.

Les infirmités de nos corps subsistent malgré nous ; nous n'avons rien dans nous-mêmes qui puisse les guérir, et les remèdes extérieurs, bien loin de les détruire, ne servent souvent qu'à les empirer ; il n'en est pas ainsi des maladies de l'esprit, elles dépendent de l'imaginion ; vouloir s'en défaire, c'est le plus sûr moyen de ne plus les ressentir.

Nous portons chacun dans nos cœurs le salut de la patrie ; et dans la même source d'où viennent ses maux, nous pouvons puiser tout ce dont elle a besoin pour le recouvrement ou pour le maintien de ses forces. C'est la contrariété de nos volontés qui les détruit ; il ne tient qu'à nous de les rétablir par un concert de sentimens qu'aucune passion ne démente.

La volonté peut agir dans l'homme en trois manières ; elle peut ne se proposer que de mauvais desseins, et alors la liberté qui l'y détermine est pernicieuse ; elle peut vouloir ce qui n'est pas possible, et dans ce cas la liberté est inutile, puisqu'elle ne peut point l'exécuter. Elle peut se porter au bien, et en cela seul la liberté est avantageuse, puisqu'elle aide à satisfaire de justes desirs.

C'est aussi l'unique usage que nous devons faire de notre liberté ; et telle doit être son union avec nos volontés, que celles-ci ne s'en servent que pour le bonheur de l'état qu'il leur importe de maintenir, et que la liberté ne se prête à nos volontés que pour augmenter ce bonheur qui doit rehausser sa propre gloire. Eh ! combien plus estimerions-nous la liberté si elle ne servoit

désormais qu'à l'avantage de la nation ;
puisque nous en faisons même un si grand
cas, malgré la confusion et les désordres
qu'elle y fait naître ?

La mémoire est la seconde partie du bon
ordre, comme elle est la seconde faculté
de l'ame ; et certes ne seroit-ce pas en vain
qu'on s'appliqueroit à établir la police dans
un état, si on ne s'y rappeloit tous les évènemens malheureux qu'il a eus à essuyer
dans des temps de licence ? Un pilote ne
perd jamais le souvenir des écueils qu'il a
évités, afin de pouvoir les éviter encore.
Nous devons d'ailleurs nous rendre présens
les exemples de nos pères ; quels modèles à
suivre ! que nous serions estimables si nous
les suivions, et si nous imitions leur zèle
pour la nation ! Voyoit-on de leur temps la
discorde régner dans les conseils, dans les
tribunaux, dans les familles ; les rangs se
régler par la naissance plus que par le mérite, les dignités prostituées aux richesses
plutôt qu'à la vertu, une licence effrénée
secouer le joug de l'autorité, tous les goûts
ne tendre qu'au luxe, tous les sentimens à
la volupté, tous les talens à l'ambition, les
brigues, les cercles s'élever, se soutenir

par l'amour du gain , et l'état immolé à des intérêts sordides ?

Nos pères n'avoient en vue que le bien de la patrie ; ils ne connoissoient d'autres moyens de la rendre heureuse que de l'aimer plus qu'eux-mêmes. Ce tendre amour, ils le transmettoient à leurs enfans ; ils auroient voulu l'empreindre même jusque dans la masse de leur sang. Citoyens d'un même état , ils se regardoient comme membres d'une même famille. Les avantages publics, ils les ressentoient plus que les leurs propres , et leur joie n'étoit jamais plus sensible que lorsque chacun y avoit part. Dans les revers , ils se soutenoient par leur courage , et l'état trouvoit toujours des ressources dans leur sobriété , dans leur simplicité , dans leur économie. On pourroit compter parmi eux , ainsi que chez les Romains , des Fabricius qui rejetoient l'or des Jugurtha , des Codrus et des Décius prêts à se dévouer à la mort pour le salut de la patrie.

Il nous importe de nous remettre souvent sous les yeux la probité de ces grands hommes , à moins que, ne rougissant plus de nos vices , nous ne méritions même pas de savoir qu'il y a eu jadis parmi nous des hommes si vertueux.

Mais comme ils pensoient à instruire leur postérité, nous devons nous occuper de celle qui doit nous suivre. Portons notre vue jusque dans les siècles à venir. Si, malgré les grands exemples que nous avons reçus, nous sommes si fort déchus de la vertu de nos pères, quels pourront être nos descendans si nous ne leur laissons que nos dérèglemens pour modèles ? Nous arrêtons le progrès de la gloire de nos ancêtres, nous en empêchons l'utile propagation. Ils ne connoissoient point leur propre vertu, parce qu'ils ignoroient qu'il y eût des vices ; et nos descendans, par un effet contraire, ne connoissant que nos vices, croiront peut-être qu'il n'y eut jamais parmi nous aucune vertu.

Attentifs à épurer nos mœurs pour régler leur conduite, nous devons penser aussi à ce que nous nous devons à nous mêmes ; nous rappeller sans cesse les obligations de notre naissance, les devoirs de notre condition ; et au contraire oublier, s'il se peut, nos préjugés, nos goûts, nos plaisirs, les stratagèmes de notre ambition, les souplesses de notre avarice , tous ces usages dont nous sommes si préoccupés , et que toutes les nations de l'Europe ont abandonnés , comme devenus contraires à la grande science du gouvernement. Utiles autrefois, ils ne peuvent aujourd'hui que précipiter notre ruine.

La troisième faculté de l'ame , c'est l'entendement, c'est la raison ; et cette raison, cet entendement sont indispensablement nécessaires pour maintenir l'ordre dans un état. Sans cela on ne doit y attendre que de la négligence et du relâchement.

C'est parce que la raison ne préside pas à nos conseils , qu'on y voit si rarement ce discernement juste qui , après avoir balancé les avantages et les inconvéniens de divers partis , choisit toujours le meilleur , et l'ayant saisi avec une vue ferme , sait mettre à profit tous les évènemens qui peuvent aider à ses succès.

D'où vient que nos armées , quelque nombreuses , quelque formidables qu'elles soient, ne sont presque plus propres à aucune action d'éclat ? C'est que le désordre en a banni la discipline que le bon sens et la raison y rappèlent en vain.

D'où vient que nos tribunaux les plus

augustes sont peu respectés ? C'est que l'ignorance, la faveur, le caprice s'ingèrent d'y dicter les arrêts que la justice et la raison devoient y prononcer.

D'où vient enfin le défaut d'économie dans nos finances, notre lâcheté et notre paresse dans tout ce qui concerne le service de l'état ? C'est que nous agissons toujours confusément, sans raison et sans principes. Où il n'y a point d'ordre il n'y a ni raison ni jugement, et le défaut de ces deux qualités entraîne nécessairement la confusion et le trouble.

Cependant rien n'est plus nécessaire que l'ordre dans un gouvernement. Les rois les plus absolus y sont assujétis eux - mêmes ; la monarchie porte en soi un frein contre un despotisme trop étendu. Il est aujourd'hui entre les rois et les peuples un accord formé par les mœurs et l'usage, qui tempère les loix de manière que le sujet, plein de confiance, est toujours prêt à obéir, et que le souverain, par intérêt ou par crainte, n'ose abuser des droits de sa puissance ; et si les rois eux - mêmes sont sujets à des loix qui répriment leur ambition et qui assurent la liberté publique, un état comme le nôtre n'a - t - il besoin d'aucun

contrepoids qui balance l'autorité des particuliers, et l'empêche de dégénérer en une
licence ouverte ?

Tout est extrême où l'ordre n'est pas ;
c'est ainsi que les vertus dégénèrent en
vices, la valeur outrée en témérité, une
magnificence excessive en prodigalité, une
justice trop vétilleuse en cruauté, la clémence en foiblesse, la candeur en simplicité, la prudence en fourberie, l'amour de
la gloire en orgueil, la piété même en
superstition : l'homme le plus parfait cesse
de l'être, dès qu'il ne l'est point avec sagesse et raison.

Mais sans parler des sentimens de l'ame,
lorsqu'ils sortent de l'ordre prescrit, qu'est-
ce qu'un homme dont l'extérieur même
n'est point conforme à cet ordre ? de quel
œil est-il regardé dans la société, quand
ses manières n'ont rien de conforme à sa
naissance, à sa profession, à ses dignités,
à son âge ? peut-on approuver un air militaire dans un magistrat, un air de magistrat dans un homme d'épée, un air austère
et composé dans un jeune homme, un air
éventé dans un vieillard ? L'ordre condamne
cet assortiment bisarre ; et le même ordre

que nous aimonss jusques dans les moindres
procédés, n'aura-t-il point lieu dans un
état dont lui seul peut réunir toutes les
parties, et les faire concourir toutes ensemble au bonheur de la société ?

Considérons l'univers et l'ordre admirable qui y règne : quelle régularité dans le
cours majestueux des étoiles fixes, malgré
la rapidité des tourbillons qui les entraînent;
dans la route circulaire des planètes, qui,
ne gardant presque jamais une distance
égale entr'elles, observent pourtant toujours
un mouvement périodique et réglé dans la
succession invariable des saisons ; dans le
concours des élémens, dans les productions
de la terre ! toute la nature se perpétue
par cette ordonnance merveilleuse. La moindre plante nous la prouve, nous la fait
sentir ; l'instinct même des animaux nous
l'annonce. Un ordre secret, au défaut de
la raison, les fait veiller à leur conservation
et à la propagation de leur espèce ; et l'auteur de cet ordre si admirable n'en exige-
t-il aucun parmi les hommes et dans le
gouverment des états ?

Il prétend néanmoins en bannir la violence et l'injustice, et les préserver de tous

T

les ravages des passions ; il veut que sous la protection des loix tout y soit tranquille, les laboureurs dans les campagnes, les artisans dans les villes, les nobles dans leurs terres, les magistrats dans leurs fonctions, les législateurs dans leurs droits, les rois dans l'exercice du pouvoir qui leur est propre ; et qu'enfin, les grands et les petits, les riches et les pauvres se rapprochent tous pour le bien public, malgré l'inégalité des conditions qui les séparent.

Telle est l'indispensable nécessité d'une police exacte. Je n'entre dans aucun détail sur la manière de l'établir. Dans le triste état où est notre république, il seroit fort inutile d'y penser ; mais si elle prenoit la forme que je souhaite, le train ordinaire des affaires donneroit successivement occasion aux réglemens nécessaires pour y mettre un ordre raisonnable et constant. Les royaumes voisins pourront nous fournir à cet égard des maximes et des méthodes aisées. Nous voyons ce que de sages loix produisent, non-seulement dans ceux où une autorité suprême contraint d'y obéir, mais dans ceux même où la liberté s'accorde avec elle.

Tâchons seulement de nous convaincre que le désordre n'est point de l'essence de la liberté, comme nous le pensons ; que cette même liberté ne peut nous être avantageuse qu'autant qu'elle sera soumise aux loix, et que sans les loix, sans ordre, sans police, il n'y auroit point d'état plus bisarre, plus vicieux, plus tyrannique même que le nôtre, puisqu'au milieu des orages d'une liberté tumultueuse, nous deviendrions sujets et esclaves d'autant de maîtres qu'il y auroit de passions qui la feroient agir ; et qu'au défaut des loix, aucun de nous ne seroit assez puissant pour réprimer la fureur de ces passions aigries, ni en droit de s'emparer du gouvernement pour le sauver d'une perte certaine.

Après avoir entendu Stanislas Auguste parler avec tant de justesse sur la police, écoutons maintenant ce qu'il dit sur la justice en général.

DISCOURS

De Stanislas Leczinski sur la justice.

A prendre la justice dans le sens le plus étendu , on peut dire avec vérité qu'elle pourroit elle seule maintenir l'ordre dans un état , et le mettre en situation de se passer de tout autre règlement utile. En effet , si les hommes dociles à la raison se faisoient un devoir de la suivre , auroient-ils besoin de loix , ni d'aucun des ressorts que la politique fait mouvoir tous les jours pour les attacher au bien public , et les contenir dans une parfaite union les uns avec les autres.

Cicéron reconnoissoit une justice universelle , dont celle des nations n'étoit , selon lui , qu'une ombre et un léger crayon. Il la regardoit comme la source du droit que nous suivons ; et il est certain que si elle régnoit sur la terre , elle suffiroit pour nous gouverner. Quelles seroient alors les délibérations de nos assemblées , si elle y présidoit ; les succès de nos guerres, si nous ne combattions que par ses ordres ; l'état de nos finances, si on les administroit selon ses vues ; notre police, si elle régloit toutes nos actions ? C'est cette justice qui est le plus ferme appui du trône des rois ; c'est elle qui fait la prospérité des états ou qui les soutient au milieu des revers, comme dans les situations les plus riantes. Elle est le lien qui unit les sujets à la patrie, l'ame qui les inspire dans leurs conseils, qui les soutient dans leurs résolutions, qui les rend invincibles par-tout où il s'agit de la défendre. C'est elle qui règle l'ambition, qui appaise les animosités, qui détruit la jalousie, qui fait mépriser la faveur, qui retient toutes les passions ou qui les modère. Sans elle, en un mot, nous ne pourrions nous acquitter ni de nos devoirs envers Dieu, ni de nos obligations envers le prochain, ni peut-être aussi de ce que nous nous devons à nous-mêmes.

Mais si l'on convient de ces vérités, ne doit-on pas avouer aussi que cette même justice est le plus bel ornement de notre liberté ; et que celle-ci n'est utile que lorsqu'on s'en sert, non à faire tout ce qui plaît, mais à faire uniquement tout ce qui est raisonnable. Rien n'est si contraire à la justice qu'un mauvais usage de la liberté ; et c'est cette opposition naturelle que nous devons tâcher de détruire en pesant exactement et à la rigueur notre volonté avec la loi , nos caprices avec nos devoirs , nos opinions avec nos intérêts , nos desirs avec le bien public , notre ambition avec nos talens , nos prétentions avec notre mérite , et en faisant tout céder aux principes d'honneur , au bien de la paix , à la gloire et au bonheur de la patrie.

Nous y sommes d'autant plus obligés , qu'outre cette justice primitive dont nous avons les semences dans nos ames , il est des loix formées sur des principes , et qui doivent régler tous nos sentimens. C'est ici comme une nouvelle justice , moins étendue à la vérité , mais qui par les récompenses qu'elle promet , ou par les châtimens qu'elle impose , peut nous engager plus sûrement à ne rien omettre de ce que la première nous prescrit ; triste et honteux moyen qu'il a fallu mettre en usage ; comme si , pour nous porter à la vertu , il ne suffiroit pas d'envisager le bonheur qu'elle procure , ou de chercher du moins à se soustraire aux remords qui assiègent un cœur qui ne la pratique pas.

Il n'est point d'état qui ne doive cette justice à ses sujets , ni de sujet qui ne doive plier sous les règles de cette justice. Nous seuls , peut-être , nous la croyons encore incompatible avec la liberté. De-là ce desir de nous élever au-dessus de notre condition , dussions-nous tout écraser sous le poids de notre fortune. Nous voulons tous sortir des bornes que la providence nous a marquées , sans faire attention à la différence qu'elle a mise dans ses dons ; nous voulons n'en point reconnoître dans les divers rangs où elle nous a placés ; et cette qualité de naissance dont nous sommes si jaloux , nous l'oublions même tous les jours pour nous rendre supérieurs à tout ce qui nous environne.

Mais pourquoi cherchons-nous à nous distinguer par des biens étrangers à l'homme , tandis que nous sommes si satisfaits de ceux qui nous sont propres et qui tiennent essentiellement à notre individu ? Chacun est content de son esprit et de son cœur. Le

T 4

plus petit homme même se plaît dans sa taille , jusqu'à en tirer quelquefois de la vanité. Il n'ambitionne rien au-delà de la forme et de la proportion qui lui sont communes avec tout le reste des hommes. Eh ! pourquoi ne nous suffisent-ils pas également , ce rang où la providence nous a placés , cette fortune qu'elle nous a départie , tous les biens extérieurs qui nous sont échus en partage ?

Ce n'est que par des qualités qui sont réellement à nous , que nous pouvons espérer les honneurs qui nous flattent ; encore faut-il qu'elles nous y élèvent presque sans nous ; que la force , l'oppression , l injustice ne concourent point à nous les donner ; et que semblables à ce romain dont parle Tacite , nous croyons presque n'en être pas dignes , alors même que nous les méritons le plus : *Adeò non principatus appetens , ut parùm effugeret , ne dignus crederetur.*

C'est ce que nous penserions sûrement si nous nous jugions nous-mêmes aussi rigoureusement que les autres nous jugent. Dès-lors la liberté qui provoque , qui favorise notre ambition , plieroit sous les loix de la justice. Mais il est temps de considérer celle-ci dans le siège respectable du royaume, et de voir si cet illustre aréopage a les trois attributs nécessaires, l'autorité, l'intégrité, la capacité.

Je n'ai garde de me plaindre que les juges qui composent ce que nous appelons le tribunal n'aient point assez de pouvoir dans l'exercice de la jurisdiction qui leur est propre. Ils jugent en dernier ressort, et l'on ne peut point appeler de leurs arrêts. C'en est plus qu'il n'en faut pour les faire respecter dans l'état ; mais c'en est peut-être plus qu'il ne convient à un état comme le nôtre. Aussi, bien loin de donner plus d'étendue à leur autorité, je voudrois la borner. Et voici sur quoi je fonde mon opinion, à laquelle on ne peut opposer qu'un usage qui n'est pas bien ancien, et que la raison même condamne.

Je dis que ce pouvoir, qui devroit être subordonné à celui de la république, est au-dessus du pouvoir même que la république est en droit d'exercer sur chacun de ses sujets. C'est à elle seule qu'appartient la souveraineté et une des principales parties de la souveraineté ; c'est l'administration

de la justice : or , le tribunal juge indé-
pendamment de la république. Elle n'a aucune autorité dans ce tribunal ; elle ne
peut pas casser les arrêts qu'on y prononce.

Je sais ce qu'on peut m'objecter ici Le
tribunal étant composé des députés des palatinats , ne doit-il pas être censé représenter
la république, autant que la représente une
diète où se trouvent les nonces de l'état ?
Mais depuis quand ce tribunal ressemble-t-il
si parfaitement à une diète , qu'on puisse les
confondre l'un avec l'autre ? Ce n'est que
du clergé et de l'ordre équestre qu'on tire
les députés du tribunal ; et selon la forme de
notre gouvernement, ne faut-il rien de plus
pour constituer un corps qu'on puisse véritablement appeler le corps de la république ?
Elle n'existe , cette république , que lorsque
les trois états qui la composent, le roi, le
sénat et l'ordre équestre , sont réunis.

A la vérité on admet des sénateurs dans
le tribunal ; mais ils n'y sont reçus que ca-
suellement , et en vertu du choix d'un palatinat qui ne les a élus que comme des membres de la noblesse , qu'on estime la seule
capable de juger les différends de la nation ;
et s'il étoit vrai que le tribunal jouît des

mêmes droits que la république, il s'ensui-
vroit qu'il y auroit deux républiques dans
la nation, et que la vraie république n'auroit plus cette individuité qui fait son essence, et qui seule constitue sa légitimité.

Le tribunal du royaume ne peut donc
point s'arroger le nom de république; mais
par cela même il ne peut jouir du droit suprême de juger sans appel. Son pouvoir
n'étant que précaire, il doit nécessairement
relever de tout le corps de l'état; ce n'est
qu'un pouvoir de commission subordonné
à la nation qui le donne, et chacun de ceux
qui la composent est responsable de sa conduite envers toute l'assemblée de ses constituans.

On aura sans doute remarqué que dans tout
ce que je dis, je m'attache principalement
à démontrer que la suprême autorité n'appartient qu'à la république. Comme il n'est
point d'autorité qui n'émane de la sienne,
il n'en est point qui ne doive en dépendre,
aussi nécessairement que le ruisseau dépend
de la source qui le forme et qui l'entretient,
et que la lumière du jour dépend du soleil
qui l'a fait naître. Il faut donc que toute
jurisdiction subalterne soit soumise à celle

de l'état, et que la république évoque à son jugement les décrets du tribunal, ou pour les ratifier, ou pour les annuller ; car c'est presque en cela seul qu'elle peut montrer son indépendance, et cette espèce de monarchie qui ne doit reconnoître d'autre supériorité que celle de Dieu même.

Il n'est point de gouvernement qui puisse subsister, s'il n'a réellement un pouvoir unique et universel ; mais où est celui de notre république qui, se trouvant dépouillée de sa suprême jurisdiction, n'est presque plus en état de gouverner le royaume ? Lui refuser la déférence qui lui est due, lui arracher les rênes de l'état, s'approprier en souverains des droits dont on n'est que les dépositaires, décider sans elle de l'honneur, de la fortune des sujets, ne seroit-ce pas en un sens vouloir conduire un vaisseau sans gouvernail, combattre sans général, ou vouloir faire agir les bras d'un corps qui seroit sans ame et sans vie ?

J'ai fait voir précédemment quel peut être le pouvoir du roi indépendemment de la république ; j'ai montré quel est celui de nos ministres et de l'ordre équestre séparément des deux autres états ; mais je n'en reconnois point de si propre au tribunal qui ne doive se référer à celui de tout le corps de la nation, et qui, en même-temps qu'il autorise à juger tout le royaume, mette à l'abri de toute censure ceux qui s'arrogent dc le juger.

Que seroient les plus grands fleuves, que de foibles ruisseaux, si on les divisoit en plusieurs branches ? et que pourroit-on espérer de notre république, si l'on partageoit sa jurisdiction ? Il ne lui resteroit plus que le droit de faire des loix ou des ordonnances sans pouvoir les faire exécuter. Mais comme notre liberté ne peut être mieux établie que sur l'autorité suprême de la nation, il nous importe de la lui conserver toute entière ; et certainement nous ne pouvons être libres qu'autant que nous lui aiderons nous-mêmes à maintenir sa souveraineté.

Il reste donc prouvé que celle du tribunal doit être dans la dépendance de la république. Cela posé, je ne crains point de mettre au jour un arrangement utile et nécessaire même à l'état.

Je distingue d'abord les deux sortes d'affaires qui relèvent du tribunal, les affaires civiles et les affaires criminelles.

Dans celles ci, il est hors de doute que le tribunal doit procéder à sa manière ordinaire, et prononcer en dernier ressort. Rien ne demande une plus prompte décision que la punition des crimes, et il ne convient pas de permettre à des coupables un appel, ou qui ne sert qu'à augmenter leurs craintes, en retardant la peine qu'ils méritent, ou qui peut même leur donner les moyens d'échapper à leur châtiment par une nouvelle révision du jugement qui les condamne.

Dans les affaires civiles, au contraire, je voudrois que les décrets du tribunal ne fussent sans appel que lorsque les parties intéressées consentiroient de s'y soumettre ; car si l'une des deux se trouve lésée, ou par la suppression d'un acte qu'elle auroit pu elle-même n'avoir pas produit assez tôt, ou par un mauvais sens donné à quelque pièce de ses défenses ; si elle pouvoit prouver que dans le fond ou dans la forme on eût jugé contre la loi, elle devroit avoir la liberté de recourir à la république pour faire réparer le grief de son arrêt.

Ces appellations, nous l'avons dit ci-dessus, seroient portées au comité ministériel du grand-chancelier, où, en présence du roi

et des autres députés, on examineroit si la requête du plaignant est admissible, ou s'il doit
être débouté de l'instance qu'il a osé former.

Il ne conviendroit point que les avocats
plaidassent dans ce comité ; ils consomme-
roient trop de temps à répéter ce qu'ils auroient déjà dit devant les premiers juges.
Il suffiroit que les deux parties donnassent
chacune leurs mémoires au grand-chancelier , qui, ayant discuté les raisons pour et
contre, en feroit rapport au comité. Les
moyens et les pièces du procès détaillés, on
iroit aux opinions ; mais afin qu'on ne pro-
nonçât point sans une connoisance parfaite
et de la cause en elle-même , et des motifs
de l'appel , deux députés du tribunal devroient assister à ce jugement, où ils seroient,
pour ainsi dire, comme les avocats de la
première sentence qu'ils motiveroient. Leur
savoir, leur ignorance même serviroient à
éclairer les nouveaux juges.

Cependant, pour qu'on eût le temps de
juger les causes qui ressortiroient devant le
comité , il faudroit que le tribunal exerçât
les fonctions à l'ordinaire pendant les six
mois que dureroit la diète, et qu'on ne pût
interjeter les appels que durant les six mois

qui s'écouleroient de cette diète à une autre. De cette sorte le tribunal , en finissant ses séances , enverroit ses deux députés au comité, et le comité commenceroit les siennes par juger les appels du tribunal.

La nécessité de traiter de nouveau les affaires rendroit ce dernier attentif sur le prononcé de ses arrêtés , ne fût-ce que pour éviter la honte d'être censuré par la républ'ique.

Or, cet ordre ne pourroit avoir lieu qu'autant qu'on changeroit la forme de nos diètes ; leur durée est trop courte , et elles sont trop sujètes à se dissoudre ; il ne seroit pas possible de faire droit sur les appellations. Ce n'est que par l'établissement que j'ai proposé, de conseils toujours subsistans , qu'on pourroit enfin espérer de voir la justice exactement administrée dans le royaume.

On ne manquera peut être pas d'observer ici qu'il y a une telle liaison entre les diverses parties d'un état , qu'on ne sauroit toucher à l'une pour la réformer , qu'on ne les réforme toutes.

Je connois combien il importe de les appuyer les unes par les autres, et toutes ensemble

semble par un rapport juste et une éco‑
nomie exacte ; car ce n'est pas tant de la
perfection réelle où l'on peut porter en
particulier chacune de ces parties, que ré‑
sulte le chef‑d'œuvre d'un gouvernement
politique ; il ne vient presqu'uniquement
que de la proportion qui rassemble toutes
ces parties pour en former un corps parfait.
Je reviens au tribunal, et j'ajoute que le
royaume étant divisé en trois provinces,
il faudroit que chacune eût son tribunal
pour faciliter l'expédition des affaires.

La seconde qualité nécessaire pour l'ad‑
ministration de la justice, est l'intégrité et
l'incorruptibilité des juges. Dans l'aréopage
d'Athènes, les archontes ne jugeoient que
la nuit, non‑seulement pour qu'ils eussent
l'esprit plus recueilli, mais aussi afin que
l'obscurité leur dérobant la vue de tout
objet de haine ou de pitié, rien ne pût
les émouvoir ou les séduire. Je n'ignore
point que nos loix ont décerné des puni‑
tions, et contre ceux qui entreprendroient
de surprendre la religion de leurs juges,
et contre les juges même qui seroient capa‑
bles de se laisser corrompre par leurs sol‑
liciteurs ; mais à quoi servent ces loix, dès

qu'il est si difficile de découvrir ceux qui les violent ? Des marchés si honteux se font d'ordinaire sans témoins ; et les coupables ont trop d'intérêt à se cacher, pour qu'on puisse espérer de leur faire porter la peine de leurs crimes.

Le serment que l'on exige des députés au tribunal n'est guères plus propre à les rendre fidèles aux devoirs de leur charge : j'ose même dire qu'il ne donne que trop souvent occasion au parjure, qui, à cet égard comme à plusieurs autres, n'a presque plus rien qui nous effraye, et n'est regardé tout au plus que comme un vice de la nation. Il s'agit d'opposer de plus fortes barrières à la corruption de nos magistrats. Il faudroit que celui qui voudroit gagner leur faveur ne pût point être assuré, quelque présens qu'il leur fît, quelque moyens qu'il pût employer pour acheter leurs suffrages. Dans ce cas, on trouveroit peu de plaideurs dont un succès douteux n'arrêtât les démarches.

Or, pour les mettre dans cette perplexité peut-être favorable à l'avarice, mais encore plus utile à la fragilité d'une vertu aisée à subordonner, on devroit établir que les juges ne donneroient plus leurs opinions de vive voix, comme on le pratique aujourd'hui ; mais par des billets secrets où ils contreferoient même leur écriture. On jeteroit ces billets dans un scrutin fermé, le maréchal les rassembleroit, et il formeroit le décret à la pluralité des sentimens, suivant l'usage ordinaire.

Par ce moyen, les juges assurés du secret ne consulteroient que leur conscience et les loix ; du moins n'étant plus retenus par aucune considération humaine, ils pourroient rompre plus aisément des engagemens illicites qu'on ne pourroit presque pas les convaincre d'avoir rompus. Eh ! en est-il de si lâches ou de si déterminément méchans, qui, rendus à eux-mêmes, n'aimassent mieux trahir leur corrupteur que la justice ?

Peut-être le premier pas vers leur devoir les animeroit à ne pas rougir d'une heureuse intégrité dont ils n'auroient pu se défendre. Toujours est-il certain que cette méthode d'opiner une fois introduite, l'innocence des juges seroit plus à l'abri des délicates sollicitations d'un client qui, se méfiant de son droit, met les présens à la

place des raisons qui lui manquent ; et quel
est le plaideur assez imprudent pour exposer
ses dons au hasard d'un suffrage qui ne peut
avoir son Dieu ou son juge pour témoin ?
et voudra-t-il risquer de perdre tout-à-la-
fois et son argent et son procès, sans qu'il
lui reste du moins le triste plaisir de pouvoir
se plaindre avec raison de la trahison qu'on
lui aura faite ?

Ce qui occasionne parmi nous les fréquentes corruptions des juges, c'est l'indigence de la plupart d'entr'eux. N'ayant rien
à prétendre du trésor public pour l'exercice de leurs fonctions, ils cherchent à se
dédommager de leurs travaux aux dépens
de la justice ; et par cela seul on peut comprendre aisément ce que j'ai dit ailleurs,
combien il importe d'accorder des honoraires à tous ceux qui sont employés pour
le service de l'état.

La troisième qualité que je juge essentielle aux juges, c'est la capacité ; elle renferme trois parties, dont une seule venant
à leur manquer, ils seroient dès-lors inca-
pables de s'acquitter dignement de leur
emploi. Il faut, 1°. qu'ils aient une connoissance parfaite des loix de la nation et

de la forme de la procédure ; 2°. il faut qu'ils aient des sentimens et des entrailles, du moins par vertu, et une tendresse de conscience qui les porte à garantir l'innocence de toute oppression ; il faut qu'ils aiment l'application et le travail. Ces deux dernières qualités peuvent être le fruit d'un naturel heureux ; mais l'érudition ne s'acquiert qu'à force d'étude et d'expérience.

Cependant comme les disputes de l'école ont souvent donné lieu à des hérésies, il peut se faire que la jurisprudence enfante de vaines subtilités qui apprennent à éluder les loix par les loix mêmes. De-là ces incidens, ces chicanes, ces tours malicieux pour embrouiller des procès, pour déguiser la vérité, pour différer les jugemens, pour autoriser des prétentions injustes. Il sembleroit avantageux d'ignorer une science qui est plus propre à éblouir et à préoccuper qu'à éclairer et à instruire ; et l'on devroit sans doute lui substituer la candeur, la droiture, une exacte probité, un jugement solide.

Ce problême est difficile à résoudre ; mais la jurisprudence est utile, elle est même nécessaire, et il est certain qu'un juge qui,

sans mauvais desseins , pécheroit par ignorance , ne seroit pas moins coupable que
celui qui , étouffant ses lumières , ne pécheroit que par mauvaise volonté. On ne
sauroit mettre entr'eux la même différence
qui se trouve entre deux cœurs innocens ,
dont l'un , par une attention réfléchie , ne
veut point manquer à ses devoirs, et l'autre ,
par imbécillité , ne sait pas les enfreindre.
Il n'est point de pays où l'on ne s'applique
au droit ; nous seuls nous négligeons cette
étude ; nous n'avons pas même des écoles
pour nous y former. Il est assez de gens
parmi nous qui sauront dresser un décret
selon la forme usitée dans nos chancelleries ;
mais il n'en est presque point qui sachent
les prononcer selon les règles d'une exacte
équité ; ceux même qui les minutent ne
suivent qu'au hasard et sans principe ce
qu'une longue pratique leur a enseigné. Nos
avocats , chargés de ce soin , ne savent
presque rien au-delà , et nous nous imaginons qu'il n'appartient qu'à eux seuls
d'interprêter les loix qu'ils connoissent à
peine , et que nous nous faisons une gloire
d'ignorer.

En effet, nous regardons comme au-dessous de nous tous les talens qu'ils devroient acquérir ; et ce mépris ne vient que de ce que nous confondons deux états que nous devrions séparer, qui sont distincts partout ailleurs, et réellement incompatibles en eux-mêmes ; nous embrassons tout-à-la-fois la robe et l'épée, et nous n'avons ni le loisir, ni les talens, ni la volonté de nous rendre habiles dans l'un et dans l'autre.

Eh ! comment un citoyen retiré dans la campagne, uniquement occupé d'une triste économie pour satisfaire à ses besoins ; comment un militaire ignorant par vanité, avantageux par habitude, brusque par état ; comment de tels personnages pourront-ils administrer la justice, connoîtront-ils les formalités de la procédure, sans lesquelles ils ne peuvent, en conscience, s'ingérer à juger les affaires d'autrui ?

Dans tous les états policés, les baillifs mêmes ou les prevôts qui ne jugent qu'en première instance, doivent nécessairement être gradués dans quelqu'université. Et notre tribunal, le seul parlement de notre royaume, qui juge toute la nation en dernier resssort ; ce tribunal, de quels sujets est-il composé ? tout le monde le voit, tout l'état en gémit,

et ce tribunal subsiste encore. Du moins si,
au défaut d'étude nous avions l'expérience
qui peut en quelque sorte tenir lieu de savoir;
mais cette ressource même nous manque. On
change tous les députés du tribunal, et ceux
qui y entrent sont aussi novices que ceux
qui en sortent.

Il convient donc que ces juges soient per-
pétuels, comme ils le sont dans presque
toutes les autres nations.

Lorsque leur état sera stable et déterminé,
lorsqu'il sera soutenu par des honneurs, des
prérogatives, des appointemens convenables,
il est à présumer qu'on s'appliquera dès la
jeunesse à s'en rendre digne, et que l'exercice assidu d'une fonction permanente aug-
mentera les lumières déjà acquises, et nous
donnera des juges tels que nous devons le
désirer. Leurs charges seroient un degré pour
monter au sénat, qui, dans la suite, ne seroit rempli que de ce qu'il y auroit parmi nous
de gens les mieux instruits dans la science
de nos loix et de nos coutumes. Si l'on m'ob-
jecte que cette espèce de dictature perpé-
pétuelle pourroit nuire à l'état par sa trop
grande autorité, je répondrai que cela pourroit être si le tribunal restoit dans la forme

où il est ; mais que son pouvoir ne sera plus à craindre, du moment que, suivant mon projet, on limitera ce pouvoir par les appels à la république.

Cet usage étoit anciennement établi lorsque nos rois jugeoient eux-mêmes les causes de leurs sujets. Mais outre les inconvéniens d'une justice qui changeoit de lieu à tout moment, nos rois consommoient trop de temps à la pénible discussion des procès, et il ne leur en restoit presque plus pour expédier les affaires générales du royaume. On institua le tribunal pour les décharger d'un emploi trop pénible ; mais ce n'est pas à dire que le tribunal ait toute l'autorité dont jouissoient nos rois, et il est juste qu'on appèle à eux et à la nation des arrêts qu'il prononce. Nos rois, à la tête des conseils ministériaux, peuvent suffire au jugement de ces appels qui deviendroient même tous les jours moins fréquens, si ces princes s'appliquoient sérieusement à bien remplir leurs fonctions.

Je finis cet article sans entrer dans aucun détail sur la réformation de nos loix. J'avoue ingénuement que la jurisprudence m'est aussi étrangère qu'elle l'est à mes concitoyens. Je laisse à de plus habiles que moi le soin de corriger nos constitutions, de les changer, de les renouveler, de leur donner une meilleure forme. Je sais qu'on y travaille depuis long-temps, et sur-tout aux moyens d'empêcher que les parties ne se ruinent en plaidant, et que ceux qui gagnent leurs procès par la justice de leur cause ne se trouvent abîmés par la longueur des procédures. Puisse-t-on réussir à faire un code de tous nos anciens statuts, et à introduire pour toujours dans l'état une exacte administration de la justice !

La source de nos désordres (1), c'est que parmi nous les *mauvais rois* n'ont que trop de moyens de devenir tyrans, tandis qu'au contraire *les bons rois* n'ont pas assez de pouvoir pour être utilement bons. Dans ce cas, la noblesse jalouse et méfiante ne sait autre chose que tourmenter les rois

____

(1) Je ne puis me refuser au plaisir de citer encore ce morceau du roi Stanislas Leczinski ; il y a plusieurs siècles que ce sujet est à l'ordre du jour en Pologne, et l'on ne s'est pas encore avisé d'y songer.

par des vexations indignes ; et elle ne
fait que les irriter de plus en plus contre
la liberté ! De - là , de part et d'autre ,
les brigues , les querelles , les factions , et
de-là le triste usage de cette maxime *di-
vide et impera*. Mais nous sommes encore
plus coupables que nos rois , nous qui
avons sur eux assez de supériorité pour les
retenir dans de justes bornes. En effet ,
nos rois ne montent sur le trône que par
une convention formelle avec l'état , et ils
*ne règnent légitimement qu'autant qu'ils y
sont fidèles.* C'est notre faute, si, au lieu de
nous faire rendre justice par les moyens
que les loix nous donnent , nous n'em-
ployons que les moyens séditieux qu'elles
condamnent.

Il en est d'autres pour rendre nos rois
tels qu'ils doivent être. Prenons si bien nos
mesures, que le roi le plus mal intentionné
ne puisse jamais nous nuire ; nous pouvons
aisément l'en empêcher, par le pouvoir que
nous avons de réprimer sa puissance , et
de ne lui en laisser qu'autant qu'il convient
à notre sûreté.

Convenons néanmoins qu'il est encore
plus mal-aisé de modérer l'excès de la li-

berté que l'orgueil impérieux du trône ; trop attentifs aux dangers que nous craignons de la part de nos rois , nous n'appréhendons ni ne connoissons ceux où nous nous exposons nous-mêmes. Semblables à celui qui , évitant la rencontre d'un ennemi qu'il croit supérieur en force ou en adresse , fuit aveuglément sans savoir où il va et se jète dans un abime , croyant trouver son salut dans sa perte même.

Notre impétueuse liberté ressemble presque à un torrent qu'on ne peut arrêter dans sa course ; mais nous avons trois digues à lui opposer , la conscience qui nous porte à l'union par l'amour du prochain , la raison qui nous prêche le bon ordre, ne fût-ce que pour notre propre conservation, et les loix enfin *qu'on ne peut violer que la liberté ne s'éteigne.*

Nous avons une passion extrême pour cette liberté , et elle en est vraiment digne : *C'est un des plus précieux dons que Dieu ait fait à l'homme ; c'est la plus ancienne prérogative des nations ,* et il n'est point de liberté pareille à la nôtre. En effet, *est il rien d'égal aux droits d'un gentilhomme polonois ? Si on ne le regarde que*

comme un simple particulier, il est souverain dans ses terres; il a le droit de glaive
et de justice sur tous ses sujets ; il leur
impose à son gré des tributs, et il règne
sur eux plus despotiquement que le roi ne
règne sur ses semblables. Comme membre
de la république, il a le droit de choisir
ses rois ; il partage avec eux le gouvernement du royaume , il peut s'opposer à
leurs décisions, balancer lui seul les résolutions de l'état ; il n'est soumis aux
impôts qu'autant qu'il les approuve (1) ;
il nomme les juges suprêmes du parlement ; et pouvant par sa naissance être
nommé aux plus grands emplois , il peut
aussi parvenir au trône.

Ces prérogatives sont telles qu'elles peuvent pleinement satisfaire la plus vive ambition ; mais il est peu de nobles parmi
nous qui n'en prétendent de plus grandes ;
et ils ne pensent pas qu'il est impossible
d'aller au-delà sans donner dans une extrémité vicieuse. Ainsi , la plupart voulant
indifféremment tout ce qui leur plaît, veulent tout assujétir à leurs idées , comme

____

(1) Il ne les paie qu'autant qu'il y songe.

si l'usage qu'ils font de leur liberté ne nui-
soit pas à celle des autres , et que leur
opinion dût prévaloir au sentiment de tous
leurs concitoyens. Ce n'est pas ainsi que
pensoit autrefois un vrai zélateur de la patrie , lorsqu'il disoit *qu'il ne prétendoit
pas avoir plus de pouvoir que tous les ordres
de l'état ensemble.*

Il devroit en être de la liberté qui agit
dans la république comme de l'ame qui
anime le corps , et qui distribue à tous les
membres une activité si égale , qu'ils concourent tous unanimement à ce qu'elle desire.

Il est à craindre qu'un seul d'entre nous
voulant asservir tous les autres à ses sentimens , et se rendre le seul arbitre de nos
destinées , nous ne concevions enfin de
l'horreur pour une prérogative si contraire
à nos intérêts , et que nous n'imitions la
république romaine qui, dans des cas à-peu-
près semblables , ne connoissoit d'autre ressource que de créer un dictateur qui rame-
noit à lui seul toute l'autorité des magistrats
et du peuple : mais Dieu nous gardera de
cette extrémité , pourvu que nous l'évi-
tions en nous gouvernant bien nous-mêmes.
Il est parmi nous un dictateur toujours sub-

sistant et toujours le même ; ce dictateur ,
c'est la république, en qui seule réside le
pouvoir de régner souverainement. Notre
liberté n'en est qu'une émanation , et ce
foible ruisseau doit bientôt tarir , s'il ne
tire de nouvelles eaux de sa source.

Ménageons la république qui nous soutient : si elle cessoit d'être ce qu'elle est ,
nous ne serions plus ce que nous sommes.
Aidons-la seulement de nos avis , de nos
conseils , de nos suffrages , et laissons-lui
le droit de décision qui lui appartient. C'est
à elle à prononcer ses décrets ; c'est à nous
à les suivre : alors , nous pourrons distinguer ce qui est permis d'avec ce qui ne l'est
pas. Rien ne nous paroîtra bon que ce qui le
sera en effet. Il n'en sera plus comme à-présent, où tout paroît légitime par la seule raison
qu'il est reçu : les mauvais citoyens ne
chercheront point à se sauver dans la foule.
Alors les fondemens de la république seront
vraiment solides ; et comme tous nos maux
ne viennent que du combat qui est sans
cesse entre la majesté et la liberté , on ne
verra plus ces deux puissances s'efforcer de
l'emporter l'une sur l'autre. Nos rois recon-
noîtront que le plus ferme appui de leur

trône, que leur gloire, que leur prospérité, que leur avantage et leur repos ne consistent que dans le maintien de la liberté et dans l'amour de leurs peuples ; et l'ordre équestre, délivré de toute crainte d'être opprimé par la souveraineté, fera autant de cas du respect et de la fidélité qu'il doit à ses rois, que des immunités qui lui sont propres.

Tels sont les fondemens que je voudrois donner à notre état ; mais il faut songer aussi à lui procurer la sûreté au-dehors, et le mettre à l'abri de toute invasion.

Je ne pense qu'avec crainte à tout ce qui nous environne. Quelle force avons-nous pour résister à nos voisins, et sur quoi fondons-nous cette même confiance qui nous tient enchaînés et comme endormis dans le repos ? Nous reposons-nous sur la foi des traités ? mais combien d'exemples avons-nous de l'inobservation des conventions mêmes les plus solemnelles ?

Nous croyons que nos voisins, par leur propre jalousie, s'intéresseront à notre conservation ; vain préjugé qui nous trompe : ridicule entêtement qui autrefois a fait perdre la liberté aux Hongrois et aux Bohêmes,

mes , et qui nous l'enlèvera sûrement, si ,
nous appuyant sur une espérance aussi frivole , nous continuons à demeurer désar-
més. Notre tour viendra sans doute où
nous serons la proie de quelque fameux
conquérant ; peut-être même les puissances voisines s'accorderont-elles à se partager nos états (1). Il est vrai qu'elles sont
les mêmes que nos pères ont connues et
qu'ils n'ont jamais appréhendées ; mais ne
savons-nous point que tout est changé dans
les nations ? Elles ont à-présent d'autres
mœurs , d'autres loix , d'autres usages , d'autres systêmes de gouvernement , d'autres
façons de faire la guerre. J'ose même dire ,
une plus grande ambition ; cette ambition
s'est augmentée avec les moyens de la satisfaire. Sommes-nous en état de leur résister, si nous ne profitons comme elles des
découvertes de ces derniers temps , si utiles
à la grandeur , à la sûreté , à la prospérité
des royaumes ?

Esclaves de nos usages, nous abhorrons
tout ce qui peut nous en écarter. Je ne sais
par quelle malheureuse fatalité nous croyons

____

(1) Ceci a été écrit en 1738 , trente-sept ans avant l'ac-
complissement de la prophétie.

X

notre façon de gouverner supérieure à celle des autres. Cette fastueuse prévention nous retient dans notre ignorance ; nous ne savons ni ne voulons rien savoir de ce qui se passe chez eux ; et comment pourrions-nous profiter de leurs sages maximes? il suffit qu'elles nous soient étrangères pour nous paroître étranges.

Nos sabres , disons - nous , ont seuls étendu nos limites : cela est vrai, mais nous ne faisons pas attention que c'étoit dans un temps où les autres nations pensoient, agissoient , se défendoient , combattoient comme nous faisons aujourd'hui. Alors la partie étoit égale ; et ce qui n'est point à présent, nos troupes vivoient dans une discipline exacte , et nos loix avoient le pouvoir nécessaire pour la faire observer. Mais depuis que notre liberté est montée au point de licence où elle est , la puissance du royaume est tombée ; chaque citoyen ne connoissant rien au-dessus de soi , fonde sa sûreté , ou sur cette même liberté dont il abuse , ou sur les priviléges de *sa naissance* qu'il s'imagine que l'ennemi doit respecter. Il se fait une espèce de retranchement de sa présomption , et se croyant à l'abri de tout , il ne s'embarrasse pas que

lá république soit foible , épuisée , désar-
mée ; follement aveuglé , il ne voit pas que
la conservation des particuliers dépend nécessairement de celle du public , et qu'un
membre ne peut vivre qu'autant que le corps
se soutient en vigueur.

Qui ne seroit touché de la triste situation
de notre république ? Qui que ce soit de nos
voisins qui veuille nous déclarer la guerre ,
il ne trouve aucune barrière qui puisse l'arrêter ; rien ne l'empêche de pénétrer dans
le cœur du royaume ; il entre dans nos provinces et s'en empare ; il établit des contributions , il détruit , il ravage , il pille et
brûle ; le sang coule de toutes parts ; le citoyen gémit et plie sous le joug qu'on lui
impose. Le conquérant commande en maître,
et tout lui obéit.

Que faisons nous pendant ce temps ? quel
secours tirons-nous de ces immunités qui
devoient nous défendre , de ces idées fas-
tueuses qui causoient notre sécurité ? Nous
n'avons ni troupes , ni artillerie , ni argent ,
ni provisions, pas même le moindre rempart,
autour de nos villes ou dans les campagnes,
qui puisse arrêter la marche du vainqueur. On
sonne le tocsin pour assembler la nation, on

tient des diètes, on fait des confédérations, on déclame, on écrit, on s'agite, on
imagine des remèdes ; mais on les trouve
lorsqu'il n'est plus temps d'en user, et il ne
nous reste d'autres ressources qu'un traité
de paix, ou, pour sauver nos biens et nos
vies, nous sommes contraints de passer par
toutes les conditions qu'on s'avise de nous
imposer. C'est alors qu'accablés du poids de
nos malheurs, nous sommes outrés, déses-
pérés de ne les avoir pas prévenus : semblables à ceux qui, prêts à mourir, cherchent
à prolonger leur vie, ou à ces prodigues
qui, ayant dissipé tout leur patrimoine, ne
commencent à devenir économes que lorsqu'ils n'ont plus rien à ménager.

J'ai souvent ouï-dire parmi nous que le nom
de *Pologne* vient d'un ancien mot qui signifie
campagne ; on inféroit de-là que nous ne
sommes point faits pour nous renfermer dans
des villes : on croyoit les plus fortes places
peu utiles ; peu s'en falloit même qu'on ne les
crût pernicieuses ; et la raison qu'on en donnoit, c'est que ces places une fois entre les
mains des ennemis, elles leur deviendroient
un moyen infaillible de nous subjuguer avec
plus d'avantage, et peut-être sans espérance
de retour. Un paradoxe si étrange ne peut

avoir lieu que parmi nous : du moins n'est-
il pas connu dans tous les autres pays, dont les
frontières sont comme hérissées de remparts
et de bastions où l'on entretient des garni-
nisons proportionnées , et que des armées
sont toujours prêtes à défendre lorsqu'un
ennemi veut entreprendre de les assiéger.
Je me rappelle encore un vieux axiôme de
notre nation , c'est qu'il ne nous convient
pas de nous battre en bataille rangée , et
que nous devons nous contenter de harceler
et de fatiguer nos ennemis ; mais nous
est-il défendu de hasarder un combat, ou
nous seroit-il honteux de gagner une vic-
toire ? Laissons aux Tartares, aux Valaques ,
aux Cosaques cette façon de faire la guerre ;
qu'ils y emploient plus d'adresse que de
fermeté, plus de célérité que de courage ;
suivons la méthode des autres peuples , plus
dignes sans doute d'être imités dans leur
manière de faire tête aux ennemis et de
les attaquer avec avantage , et ne pensons
plus à nos vieilles coutumes que pour nous
rappeler le peu de bien qu'elles nous rap-
portent, le peu de fruit que nous pouvons
en espérer.

Mais s'il nous importe de nous faire craindre par tous les efforts d'une sage valeur, nous devons aussi nous procurer des soutiens par des alliances utiles, et nous attacher sur-tout les puissances qui ont les mêmes intérêts que nous, et qui par leur diversion peuvent contribuer au succès de nos armes ; rien ne sera plus aisé si nous nous mettons en état de leur prêter autant de secours qu'elles peuvent nous en rendre. Une fois respectables par une heureuse position, nous serons même recherchés avec empressement ; on mettra à prix notre amitié, et nous nous ferons des biens infinis à nous-mêmes par les seuls biens que nous procurerons à nos voisins.

Que cette situation seroit différente de celle où nous avons toujours été ! Tel est en effet notre malheur ; nous ne faisons des alliances que sur le bord du précipice où la guerre est sur le point de nous faire retomber ; le seul danger nous y force, et il nous en coûte autant d'être secourus par nos alliés, qu'il nous en a déjà coûté d'être pillés par les ennemis dont nous cherchons à nous défaire.

Pour contracter des alliances avantageuses, nous devons nous résoudre à en-

tretenir des ministres dans toutes les cours.
C'est une politique qui nous est inconnue,
mais qui est indispensable. C'est par des
sujets de notre république, sages et éprouvés, et non par des bruits vagues, incertains
et toujours trop tardifs, quand même ils seroient véritables, que nous devons être instruits de ce qui se passe dans le reste de
l'Europe, des négociations qui se concertent
dans le secret des cabinets, des diverses
combinaisons qui se font des intérêts des
princes, des conjonctures qu'il faut saisir,
de mille choses enfin souvent peu utiles,
mais cependant nécessaires.

Sans cette précaution nous serons le jouet
des nations étrangères; elles continueront
à disposer de nous sans nous : et à leur ordinaire, elles nous gouverneront selon leurs
intérêts et à notre désavantage, sans même
que nous nous doutions des manœuvres
qu'elles mettront en usage pour nous
tromper.

La protection de Dieu peut seule mettre
parmi nous l'ordre et la sûreté qui nous
manquent, et les y maintenir à l'abri de
toute funeste révolution ; tâchons de mériter
cette protection si desirable, en nous cor-

X 4

rigeant des vices qui sont si communs à notre nation ; tels sont les parjures , les divorces dans les mariages , le luxe, les haines invétérées et irréconciliables , les usures, et plusieurs autres excès qui déshonorent, s'ils ne détruisent, ce fond de piété et de religion qui fait en quelque sorte le caractère distinctif de nos peuples.

D'un autre côté , établissons parmi nous tout ce qui fait le mérite des sociétés civiles ; il nous faut de sages conseils , des magistrats qui aient du zèle et de l'autorité, des sujets dociles , et qui aiment les loix : étudions-nous sur-tout à nous tenir liés et attachés les uns aux autres par cette union parfaite qui seule maintient la police et le bon ordre dans les états.

Nous ne manquerons pas de bons conseils ; il ne nous reste qu'à faire en sorte que les intérêts particuliers et les vues des mal-intentionnés ne les détruisent ; nos loix sont justes et équitables , mais quelle a été jusqu'à-présent la manière de les faire ? comment les a-t-on reçues ? s'est-on mis en peine de les exécuter ? C'est ici la source de notre douleur , et le plus triste sujet des plaintes de nos citoyens fidèles.

L'autorité attachée à nos magistratures et aux grandes charges de l'état est aussi grande qu'on peut la souhaiter ; mais on la porte à l'excès, et on s'en sert plutôt pour opprimer les innocens que pour punir les coupables ; plutôt pour favoriser les puissans que pour soutenir les foibles.

Que dirai-je enfin du bon ordre ? J'ose à peine me le promettre dans un état comme le nôtre, où les tribunaux sont sans justice, les conseils sans union, les armées sans discipline, le trésor sans argent, et où tout périt, tout se détache, tout se dissout au milieu des discussions et des désordres.

Je ne prétends pas que l'on convienne de tous les moyens que j'aurois à proposer pour régler le gouvernement ; mais du moins il est impossible de ne pas convenir de ses défauts, et de la nécessité de le réformer pour le rendre plus heureux et plus tranquille. Je vais ramasser ces défauts, et je prie chaque bon citoyen de s'étudier à les corriger, autant pour son propre bien que pour l'avantage de la patrie.

I. Mauvais usage des biens de l'église, qui sont le patrimoine des pauvres.

II. Abus du pouvoir des rois, à qui il est trop aisé de faire le mal, et trop difficile de faire le bien.

III. Dangereux partage de l'autorité de la république en plusieurs jurisdictions, qui ne peuvent ni établir de nouvelles loix ni faire exécuter les anciennes.

IV. Pouvoir excessif des ministres d'état en certains cas, toujours insuffisant pour le bien de la république.

V. Défaut de pouvoir et de prérogatives dans le sénat pour l'utilité du bien public.

VI. La liberté anéantie par les moyens qu'elle prend pour se soutenir.

VII. Les talens naturels des citoyens étouffés par le désordre général et par la nature même des diverses professions, où l'on ne peut s'avancer par le mérite.

VIII. Les crimes d'état tolérés et impunis.

IX. Desirs aveugles d'embrasser des professions incompatibles , dont la distinction est essentielle dans un état.

X. Instabilité des assemblées publiques qui rend inutiles tous les conseils.

XI. Pouvoir mal entendu de la rupture des diètes.

XII. Impuissance de la république à se perpétuer et à se régénérer soi-même dans la création de ses magistrats.

XIII. Inutilité des conseils , par leur peu de durée autant que par la forme qu'on y observe.

XIV. Guerre offensive préjudiciable à toute république.

XV. Insuffisance de nos forces par rapport à l'étendue du royaume et à la puissance de nos vosins.

XVI. Indigence du trésor public.

XVII. Changement annuel des juges dans les tribunaux ; incapacité de ces juges.

XVIII. Rareté de l'argent, faute de commerce.

XIX. Oppression et esclavage du peuple.

XX. Défaut d'ordre et de police dans chaque partie du gouvernement.

XXI. Forme impraticable de l'élection ordinaire de nos rois.

Voilà les défauts à corriger dans notre gouvernement. D'abord, la gloire de Dieu et notre sainte religion ne seront jamais portées parmi nous au point où elles doivent être, si les ecclésiastiques qui sont destinés à en être les promoteurs ne conforment leur conduite à leur caractère sacré. Ce sont eux en effet qui par leurs bons exemples doivent nous inspirer une profonde vénération pour la religion, et animer notre zèle pour la défendre ; ils doivent nous faire pratiquer, et ce que l'évangile ordonne, et ce que notre propre conscience exige de nous ; et plus par leurs mœurs que par leurs discours, nous faire observer ce que nous devons à Dieu, et ce à quoi nous sommes obligés envers la patrie.

Parcourons l'histoire des différens états, nous trouverons que les révolutions qu'on y a vu naître ont pris leur source ou dans l'ambition ou dans l'avarice. Ces deux passions, si naturelles à l'homme, paroissent encore plus particulières à une nation qui se croit tout permis parce qu'elle est libre. Mais comment pouvons-nous mettre un frein à ces deux passions, si ce n'est par la religion, qui abhorre l'orgueil et l'avidité des richesses ? Et ce que nous allons dire sera-t-il efficace, si les docteurs de la loi divine ne nous apprennent à en user, et par leurs bons exemples ne nous animent à la pratique des vertus opposées à ces vices ? ou plutôt, conduits par de pareils guides, dans lesquels on ne découvre que des marques fort légères de l'humilité et de la pauvreté de Jesus-Christ, comment pouvons-nous ne pas nous égarer ? Il est naturel que nous étant donnés pour modèles nous pensions comme les payens, qui autorisoient leurs crimes et leurs désordres par ceux de leurs fausses divinités. Mais quoique parmi nous les ecclésiastiques n'y soient pas un état séparé, quoique le clergé ne constitue point chez nous un ordre distinct du reste de la république, il est pourtant vrai que les décisions des diètines des palatinats, que l'on appelle *lauda*, commencent toutes par ces mots : *Nous, conseil spirituel et temporel, etc.*, ce qui prouve que l'assemblée est composée de deux corps différens ; il en est de même dans le sénat, dans les tribunaux et dans tous nos congrès. Or, puisque les gens d'église ont la prééminence dans tous nos conseils, c'est à eux à nous éclairer et à nous conduire dans la pratique des vertus chrétiennes, si nécesssaires au bien de la société. Ils forment d'ailleurs un corps puissant dans l'état par la vaste étendue des domaines qu'ils y possèdent, et par cela seul ils doivent entrer nécessairement dans le projet que je me propose de faire connoître, afin de corriger, s'il est possible, tous nos abus ; car *les biens de l'église étant une portion des biens de l'état, je crois pouvoir soutenir que l'état a droit de remédier à l'abus qui s'en fait, et de les faire retourner à leur véritable usage.* Légués par de pieux fondateurs pour la gloire de Dieu et pour le soulagement des pauvres, doivent-ils n'être employés qu'à entretenir un luxe profane , un orgueil fastueux ? Destinés à l'honneur , au bien , au soutien , aux besoins de l'église , doivent-ils ne servir qu'à l'éclat , à la vanité , à la magnificence de ceux qui se sont dévoués à la servir ? Il me paroît que sans blesser leur caractère , on peut leur demander compte de l'administration de leurs revenus , et les obliger à n'en user que selon l'intention de ceux de qui ils les tiennent.

La profession ecclésiastique exige absolument le mépris du monde et une renonciation entière à ses pompes , à ses richesses, à tous ses biens , sans quoi on ne peut être un vrai disciple du sauveur. St.-Paul nous fait connoître quels sont ceux qui méritent cette glorieuse qualité , en disant qu'ils usent de ce monde comme s'ils n'en usoient point. Pourroit-on ainsi définir les ecclésiastiques de nos jours , eux dont la vocation à suivre Jésus - Christ n'est fondée , la plupart du temps , que sur le desir de se faire une vie aisée et commode , d'obtenir de gros revenus , d'amasser des trésors ? Ces sortes de vocations , triste effet de l'ambition , de l'avi-

dité , d'un attachement criminel aux biens
de ce monde , peuvent-elles enfanter des
vertus capables de nous édifier et de nous instruire ? Par-tout ailleurs il peut se faire que les
ecclésiastiques nous en imposent par un air
composé , par des manières affectées ; mais
l'abus qu'ils font des biens temporels est un
scandale qu'ils cherchent d'autant moins à
éviter, qu'ils osent même s'en faire gloire; Ils
ont trouvé cet usage établi ; et ce que Dieu
leur défend , ils le croient autorisé par la
coutume.

Le mépris où ils tombent , l'avilissement
de leur caractère, n'est pourtant pas ce qui
les rend plus coupables , c'est l'usage profane et sacrilège qu'ils font de leurs biens,
qui ne sont destinés qu'à la gloire de Dieu
et au service de ses autels ; car c'est en
faire un usage bien profane que de les dis-
siper dans le faste et la mollesse ; puisque
ces biens n'appartiennent qu'à l'église , ils
ne peuvent en disposer à leur gré , dès qu'ils
n'en sont que les administraeurs et non point
les propriétaires. La plus grande partie des
richesses de notre royaume est entre leurs
mains , et ils ne l'emploient ni à la gloire

de

de Dieu, ni au soutien de l'état, ni au soulagement des pauvres (1). Eh ! que peut-on penser en voyant les ecclésiastiques épris des voluptés, des grandeurs, des richesses du siècle ? Ne diroit-on pas qu'ils sont à Satan plutôt qu'à Jésus-Christ ? et ne semblent-ils pas nous marquer eux-mêmes qu'il est le maître qu'ils adorent ? Aussi les richesses, le luxe et le faste, ne sont point la marque des disciples de Jésus-Christ ; on ne reconnoît ceux qui le servent qu'à leur patience, à leur humilité, aux croix, aux souffrances, à leur renoncement à toutes choses.

Cette opposition qui est entre les maximes du monde et celles de l'évangile me fait

____

(1) Il en est ainsi dans tous les pays ; l'hypocrisie des prêtres et leur adresse ont toujours trompé la bonne foi des crédules ; ils se sont par-tout rendu les maîtres des biens et de la confiance de beaucoup de familles, et par-tout ils en ont abusé de toutes les manières, au détriment de la religion et au méprisde Dieu même, en qui ils ne croient pas pour la plupart. La France donne à l'univers un bel exemple à imiter ; sortie de sa longue léthargie, elle ne veut plus être la dupe de la fourberie de ces méchans ; elle en connoît les mœurs et le caractère.

Y

penser avec raison qu'en autorisant le luxe des ecclésiastiques on ne feroit autre chose que de concourir à l'anéantissement de la religion, en aidant la dépravation de leurs mœurs ; c'est à l'église à détruire l'ambition par l'humilité, à réformer le luxe par la pauvreté, à triompher de la fourberie par la candeur, à combattre les voluptés par la mortification, à lasser les persécutions par la patience ; enfin, à inspirer l'amour de la pauvreté ; car vouloir se gorger de biens en affectant de ne les point aimer, c'est ressembler à ces auteurs hypocrites qui, en écrivant contre la vaine gloire, font tous leurs efforts pour la mériter, et emploient à l'acquérir l'horreur même qu'ils veulent en inspirer aux autres. Un bon pasteur ne fut jamais mercenaire ; et quel a été le mérite des saints évêques qui ont orné l'église ? l'ont-ils fait consister dans le luxe et dans l'opulence ? N'est-ce pas plutôt dans le mépris des richesses et dans une étude à procurer la gloire de Dieu sans aucune vue d'intérêt personnel ?

Si jamais l'égalité fut desirable dans un état, c'est sans doute dans le clergé, où le caractère du sacerdoce doit inspirer à tous ceux qui en sont revêtus les sentimens de l'humanité la plus profonde, du désintéressement le plus parfait; où l'on doit par conséquent retrouver par-tout le monde un fonds de sainteté, dans le religieux comme dans le prêtre, et dans l'ordre religieux le moins régulier comme dans le plus austère; où le culte doit être uniforme dans la moindre paroisse comme dans la plus illustre métropole, parce que tout est égal devant Dieu, à qui l'ame la plus pauvre est aussi précieuse que celle du monarque le plus puissant (1); mais il n'en est pas ainsi dans l'église, et l'on ne peut qu'être frappé de la différence de règle et de conduite que l'on y remarque (2). Quelques prêtres regorgent de biens, la plupart des autres sont dans une indigence extrême; aussi l'on ne voit que trop communément dans le sanctuaire ce que

---

(1) C'est un roi qui parle; à la vérité c'est Stanislas Leczinski, digne de servir d'exemple à tous les rois, et d'inspirer à ses successeurs le desir d'imiter ses vertus.

(2) Un penchant naturel aux prêtres est de mépriser tout le monde (même leurs dupes), ensuite ils se méprisent eux-mêmes; toute leur considération est relative à leur fortune et à leurs dignités.

Y 2

Saint-Paul reprochoit aux Corinthiens assemblés pour leurs agapes : *les uns n'ont rien à manger, pendant que les autres se gorgent à l'excès*. Et quel scandale n'est-ce pas pour les fidèles, de voir d'un côté l'excès jusque dans le superflu ; et de l'autre, le défaut des choses mêmes les plus nécessaires !

Il seroit aisé de remédier à ce désordre, si une fois chaque ecclésiastique pouvoit se laisser convaincre que les biens qu'il possède ne lui appartiennent point ; que ces biens sont consacrés aux besoins de l'église, et qu'il ne peut en retenir pour soi que ce qui est indispensablement nécessaire à l'entretien de sa personne. Il faudroit que les ecclésiastiques n'eussent en vue que le bien général de l'église, et non leurs intérêts particuliers ; il est naturel que le bien qu'ils possèdent serve à leur entretien ; mais leur superflu pourroit être fort souvent utile à la république, ou à soulager le pauvre peuple, qui porte presque lui seul tout le poids des impôts. Les ecclésiastiques donnent trop peu à l'état ; aussi l'état fait-il subsister le plus qu'il peut de ses troupes à leurs dépens ; et ils perdent beaucoup plus par le pillage et la violence où ils sont exposés, qu'il ne leur en auroit coûté si, s'exécutant eux - mêmes, ils avoient offert ce qu'ils auroient pu fournir à proportion de leurs revenus ; mais les contributions du clergé sont si modiques, qu'elles sont d'un foible secours à la république, et elle est quelquefois contrainte de voir ravager leurs biens. D'où vient d'ailleurs cette contribution des gens d'église, que j'appellerois volontaire s'il ne falloit pas la leur arracher ? Elle est le fruit de la sueur des peuples qui cultivent leurs terres. Une conduite différente leur attireroit la bénédiction des peuples ; et c'est alors qu'on pourroit se flatter que la vocation des ecclésiastique ne venant point d'un intérêt temporel, elle n'auroit d'autre principe que l'amour de Dieu ; c'est alors que, loin de mépriser le caractère à cause de la personne, on seroit forcé de le respecter autant pour la personne que pour l'excellence de ses fonctions ; et s'il étoit moins décoré d'ornemens profanes, le clergé seroit tel qu'il doit être à nos yeux, simple, modeste, vertueux ; nous le reconnoîtrions sans doute, et il se reconnoîtroit lui-même. Peut-on voir, en effet, le prêtre sous les dehors orgueilleux d'un luxe emprunté ? Le caractère se perd sous cet appareil du siècle , et on le cherche en vain sous ce masque étranger. La profession des prêtres étant de servir Dieu et le prochain dans un entier détachement de tous les biens de ce monde , ils ne doivent pas s'étonner si nous cherchons à pénétrer dans leurs revenus et dans l'usage qu'ils en font , puisque nous savons que rien n'est à eux au-delà de ce dont ils ont besoin pour subsister.

Un pieux fondateur , touché du desir de son salut , ôte une portion de ses richesses à ses enfans pour la donner à l'église ; prétend-il donc qu'on en fasse un mauvais usage , et que , par une sacrilège usurpation , on s'approprie injustement ce qu'il destine à l'entretien des pauvres, et qu'on emploie à l'opprobre de la religion ce qu'il veut faire servir à en augmenter la gloire ? Un séculier oseroit-il toucher aux biens de l'église ? cette même église foudroieroit, lanceroit sur lui les anathêmes; et s'il persistoit à lui ravir son héritage , elle le retrancheroit de son sein ; et un ecclésiastique , sans crainte d'excommunication , s'arroge le droit de voler l'église

en détournant de leur véritable destination
les revenus qu'elle lui a confiés ! Je le ré-
pète encore , en pourvoyant à la subsistance des prêtres , les fondateurs n'ont jamais eu dessein de leur fournir les moyens
d'amasser des trésors , de vivre dans l'opulence et dans le libertinage. Toutes les
fondations n'ont qu'un seul esprit , et il
n'en est point qui n'aient en vue ces deux
choses , de faire honorer Dieu et de
soulager les pauvres. Ce sont-là les obligations imposées aux bénéficiers , et ils doivent s'étudier à les remplir , s'ils veulent
ne pas rebuter Jésus-Christ lui-même, qui
prend la figure du pauvre pour qu'on le
rassasie, qui a soif pour qu'on le désaltère,
qui gémit dans les fers des infidèles pour
qu'on l'en délivre , et qui plus il est ou-
tragé et blasphémé par les hérétiques, plus
il veut être loué et glorifié par les ministres
de ses autels.

Il en est sans doute qui pratiquent sérieusement tous ces devoirs , mais quels
avantages ne nous procureroit pas un renoncement général des prêtres aux biens
qu'ils croient leur appartenir, et dont ils abu-
sent ? Plus l'état ecclésiastique s'enrichit ,

plus les richesses des séculiers diminuent ; et sur quelles ressources pourrons-nous compter dans de certaines conjonctures, et pour notre sûreté et pour la défense de l'église, si les plus grands domaines de notre république passent dans les mains des bénéficiers pour n'en sortir jamais, ou pour fondre tout au plus dans quelques familles souvent les moins utiles à l'état ?

Opposons-nous de toutes nos forces à un abus qui traîne après soi de si funestes désordres. Mais comme aucune puissance ne peut contraindre le clergé à se dessaisir de ses richesses, contentons-nous d'engager les prêtres à remplir leur état, remplissons nous-mêmes le nôtre, concourons tous ensemble à maintenir le bien public par la religion, à ne consulter que la loi de Dieu dans nos statuts, à respecter l'église, *à la purifier des taches qui la déshonorent*, et à nous sanctifier par un tendre attachement à notre patrie, que l'instinct, la raison, l'honneur, l'intérêt et la religion nous obligent d'aimer.

C'est ainsi que parle un roi pénétré de toutes les grandes vérités qui peuvent importer à la république ; mais les erreurs du clergé et tous les abus qui le concernent ne sont pas les seuls qui aient fixé ses regards ; il connoît ceux mêmes qui environnent les rois, et son intérêt personnel cède par-tout à la gloire et au desir de rendre un peuple heureux. Il ne dissimule point tous les défauts du trône ; il les démasque ; il les expose avec une franchise qui caractérise le desir qu'il a de les voir supprimer. Il importe d'entendre ce que ce roi vertueux dit à cet égard, parce que si ce qu'il expose pouvoit être écouté et suivi par tous les souverains, toutes les nations retireroient une grande utilité de ses leçons.

Ce n'est jamais à la possession d'une couronne que se borne l'ambition des princes qui veulent l'obtenir. Le trône ne leur sert que d'un premier degré pour étendre leur puissance. Le despotisme même le moins limité ne peut les satisfaire. Si les rois étoient assez justes pour ne vouloir que ce qui leur est permis ; si leur ambition pouvoit se borner à l'exécution des loix, ils seroient plus heureux ; il faudroit qu'un roi fût parfaitement convaincu qu'il n'est pas moins obligé d'obéir aux loix que les autres citoyens, et qu'il peut même, de cette seule

obéissance, tirer une gloire capable de satisfaire son ambition ; il faudroit apprendre
aux rois à ne rien voir, à ne rien connoître
de plus flatteur que de régner sur une nation libre, capable de rehausser l'éclat et
le mérite du prince ; il faudroit leur faire
sentir qu'un peuple assujéti par la force fait
moins d'honneur au roi qui le gouverne,
que ne feroit celui qui n'est soumis que par
amour ; et pour tout dire, en un mot, il
faudroit leur persuader que, n'aimant rien
tant nous mêmes que le bon ordre, nous
ne respectons leur caractère qu'autant que
nous estimons leurs vertus.

Il faut s'attacher à concentrer un roi dans
une telle obéissance aux loix, qu'il ait toujours peur de perdre sa couronne s'il cherche
à s'en écarter et à rien entreprendre contre
la liberté des peuples En effet, un roi seroit
très-heureux s'il ne songeoit jamais à transgresser les loix et à se procurer un pouvoir
arbitraire. Qu'un prince seroit heureux, si
avant que de régner sur son peuple il s'étu-
dioit à régner sur lui-même, et si au lieu
de vaincre tout ce qui résiste à sa volonté,
il combattoit dans son cœur ce desir de
vaincre. Un tel prince seroit bientôt maître

de nos cœurs ; il assureroit notre confiance, et il pourroit dire aussi véritablement que ce roi à qui un courtisan flatteur persuadoit en vain le despotisme : *Je fais tout ce que je veux , parce que je ne veux rien qui ne soit juste.* Avec de pareils sentimens , un prince est sûr d'un pouvoir absolu , tout ploiera sous ses ordres , les armées lui seront soumises , parce qu'il ne les emploiera qu'à la défense de l'état ; il trouvera de l'union dans les conseils , parce qu'il ne les troublera point par les intrigues ; la justice règnera dans les tribunaux , parce qu'il veillera à l'y faire observer ; les ministres, attentifs à leurs devoirs , les rempliront avec zèle : en un mot , tous les sujets seront fidèles , parce qu'ils ne verront dans leur prince qu'un père de la patrie , et un père moins occupé de ses intérêts que de leurs avantages , moins jaloux de leur soumission que de leur bonheur , plus attentif à leur bien qu'occupé de son repos ou de sa gloire. En effet, si les rois n'avoient en vue que la prospérité de leurs états , et non les projets odieux d'une ambition démésurée, ils trouveroient dans les cœurs de leurs sujets un despotisme plus gracieux, plus durable , mieux établi que ne le peut être celui qu'on arrache avec violence à la foiblesse d'un peuple craintif.

Une circonstance bien préjudiciable à une nation est le pouvoir qu'a le roi de distribuer les charges, les biens royaux, les places, les bénéfices, les dignités; par-là les rois captivent les uns, ils corrompent les autres par l'espérance de quelques-unes de ces graces; et c'est ainsi qu'ils ôtent presque à tous nos citoyens la liberté de dire ce qu'ils pensent. D'ailleurs, il est triste de voir les graces toujours réservées pour les favoris de la cour, tandis qu'elles ne devroient être que la récompense du mérite, et non le prix de l'injustice et de la trahison. Rien en effet ne blesse tant l'égalité que le malheureux usage de n'accorder qu'à la faveur ce qui n'est dû qu'à la vertu.

Les abus qui résultent de l'autorité des ministres ne sont pas moins funestes à l'intérêt d'un état que ceux dont nous venons de parler; on pourroit même dire que fort souvent un ministre abuse de la confiance du roi pour tromper le peuple, tandis qu'il ne devroit user de son pouvoir que pour maintenir le roi dans les bornes légitimes que lui trace la loi , et non pour se prêter à son caprice au préjudice du peuple. Un ministre peut nuire à l'intérêt d'une nation , ou par sa complaisance , presque toujours asservie aux volontés du roi , ou par sa trop grande puissance , et par une autorité sujète à devenir rivale de celle du prince ; alors le ministre au lieu de servir l'état s'en rend en quelque sorte le maître , et considère peu ou le bien ou le mal du peuple , pourvu qu'il fasse craindre et respecter son crédit.

Le moyen de remédier à ces abus seroit de ne donner à un ministre qu'une autorité limitée , en érigeant des conseils ministériaux destinés à tenir continuellement la main à une rigoureuse et exacte observation des loix ; il faudroit que ces conseils , que l'on pourroit appeler comités secrets , ne cessassent jamais ; il faudroit qu'ils se tinssent en présence du roi et de plusieurs députés. Les ministres , dans ces assemblées, et comme procureurs de l'état , donneroient toute leur attention à proposer avec sagesse et à faire discuter avec prudence toutes les matières concernant les intérêts de l'état. Ceci prouve évidemment combien il importe que les ministres soient instruits ;

leur ignorance peut être aussi funeste, quoique moins criminelle, que l'abus de leur autorité.

Il paroîtroit aussi très-important que les ministres ne fussent point *à la seule nomination du roi ;* car comme le salut public dépend de la fidélité de leur conduite, il est juste que le peuple concoure avec le roi à leur nomination, afin que la faveur, les intrigues, le hasard, ni aucun intérêt particulier, ne contribuent à mettre au-dessus des autres des hommes peu dignes de la confiance publique ; et pour éviter la jalousie des concurrens, il faudroit que les suffrages se donnassent secrètement, afin que chacun pût librement et sans respect humain se régler sur ses lumières et sur sa conscience ; il seroit juste aussi que sans aucune autre considération, ces places ne se donnassent qu'au mérite et à la capacité.

Malgré l'autorité très-étendue que doit nécessairement avoir un ministre, il faudroit qu'il ne pût rien conclure sans le concours et l'approbation du roi ; telle doit être la règle d'un état policé, dont le bonheur et la sûreté demandent l'union du roi et du peuple. Ce mélange d'autorités ne pourroit que servir utilement les intérêts des nations ; parce que dans de pareilles conjonctures les ministres nous rassureroient contre les projets ambitieux d'un mauvais roi , et un bon roi nous garantiroit des prévarications d'un mauvais ministre.

C'est par de semblables précautions que l'on pourroit espérer de voir naître dans un état une louable émulation et une union salutaire pour le bien des peuples , et que l'on pourroit prévenir les inconvéniens auxquels ils sont exposés , parce que le roi voulant exécuter quelque dessein contraire aux intérêts du peuple , il cherche à gagner les ministres ; et appuyé de leur autorité , il pousse aussi loin qu'il peut celle qu'il s'arroge. Un second inconvénient , c'est lorsque desirant profiter de quelque conjoncture favorable au bien de l'état, il trouve les ministres opposés à ses vues , et prêts à sacrifier le bonheur public aux tristes sentimens d'une basse jalousie. Dans ces deux cas , un comité secret devient indispensable ; tout consiste à bien composer ce comité ; c'est dans un pareil tribunal que se discuteroient utilement les affaires du gouvernement , et les ministres , n'étant établis

qu'avec un pouvoir convenable , deviendroient les instrumens salutaires d'un bon
gouvernement ; ils serviroient d'une forte
barrière contre les entreprises violentes d'un
règne ambitieux , et par un nœud solide
ils entretiendroient l'union du roi et du
peuple , et concourroient à la prospérité
de l'état.

DISCOURS

Du comte Moszynski, grand secrétaire de Lithuanie, nonce du palatinat de Braclaw, prononcé à la séance de la diète de Pologne, le 19 avril 1790.

LES discours prononcés dans cette assemblée sont nommément ceux de S. E. monseigneur l'évêque de Posen, prélat respectable ; de M. le comte Stanislas Potocki, nonce aussi éloquent que zélé ; de Messieurs les nonces de Cracovie et de Rawa, ainsi que de plusieurs autres, qui tous approuvent la nécessité évidente où se trouvent les SÉRÉNISSIMES ÉTATS, d'être informés avec exactitude et détail de l'état politique des richesses nationales. Ces illustres citoyens desirent ardemment qu'avant que de décider des impôts, nous soyons informés avec exactitude et précision des fonds qui doivent en former la base. Nous en avons eu la triste expérience, en voyant l'impôt des dix pour cent des revenus particuliers ne produire que la modique somme de 6,759,054 flor. 16 gr. 12 Dr. ; de sorte que nous sommes obligés de chercher à augmenter ce produit par des recherches plus exactes dans les terres royales, ecclésiastiques et particulières. Mais comment juger. de la base sur laquelle on asseoit les impôts ? Comment s'assurer que sa nature ne fait aucun tort à la république et aux propriétaires ? Nous voyons l'erreur, nous sentons que la loi est mal interprêtée, ainsi que mal exécutée ; mais qui saura prouver l'erreur ? qui pourra déterminer le motif de l'inexécution des loix, et décider la vraie source d'où le revenu de l'état peut et doit être tiré sans offenser l'exacte justice, si préalablement il ne montre le tableau rassemblant les besoins et les ressources, si l'expérience ne vient à l'appui de son raisonnement ? Vous avez ordonné, Sérénissimes Etats, que la députation nommée pour la coéquation des impôts arrange deux plans tendans à assurer la juste rétribution de l'impôt de dix pour cent, et que ces deux plans soient soumis à votre choix. Le premier de ces projets (qui propose la taxe des terres d'après le calcul de leur valeur marquée dans les transactions ou contrats de vente passés aux grefs, pendant un espace fixe d'années) est le même dont j'ai fait mention dans le projet que j'ai eu l'honneur de vous proposer le 9 du mois de mars 1789, comme pouvant servir au moins à indiquer et à contrôler la base de l'impôt. Je trouve aujourd'hui (ainsi que je vous en ai fait mes représentations dans mon discours du 4 de mars de l'année présente) que ce même plan devient en grande partie infructueux, et peut même être onéreux, puisqu'on ne rabat point selon l'idée que présentent les 12 pour cent nécessaires aux dépenses foncières, et qu'on a changé entièrement les règles principales, soit en diminuant le nombre des années de la recherche des transactions, soit en soumettant à la même règle les. terres royales et ecclésiastiques où il n'y a point de transactions ou contrats de vente, et où le paysan rapportant infiniment moins, ne peut être mis au pair de celui des terres héréditaires, le premier ne s'acquittant que de deux jours de corvée par semaine, tandis que le second est obligé de travailler six jours, et puisqu'enfin on a ajouté à ce plan plusieurs points qui en affoiblissent ou changent l'objet. Ce projet ne peut donc servir qu'à démontrer, dans les terres qui ont été vendues en dernier lieu, la quantité des feux relativement aux capitaux qui ont servi à l'achat de ces terres; ce qui peut être utile, soit à la coéquation de l'impôt par feu, soit à placer la valeur et les revenus réels de ces terres à côté du revenu qui leur est attribué par les commissions des différens palatinats et districts. Si l'inutilité de ce premier moyen est prouvée, et si les preuves par transactions se trouvent rejetées, il en résulte que le second plan desiré par les états exige des éclaircissemens d'autant plus vastes et plus exacts, que d'un côté l'espoir d'acquérir des notions sûres de la valeur et des revenus des terres est tombé, tandis que la nécessité reste de faire trouver à la députation des moyens efficaces de perfectionner une juste répartition des impôts. Je trouve donc très-à sa place ce que demandent ces illustres Nonces, et très-nécessaire qu'en faisant la nouvelle lustration des feux, qu'on note le nombre des corvées appliquées à chaque feu, afin de pouvoir établir plus parfaitement la force et la ressource de chaque terre , ainsi que sa nature ; afin qu'en s'assurant des tarifs des semailles et des revenus , leur égalisation et la coéquation de l'impôt soient facilités , ainsi que la répartition de l'impôt par feu , et celle des fourrages nécessaires à l'armée. Je suis d'autant plus porté à appuyer le sentiment de ces illustres citoyens , qu'un calcul auquel j'ai travaillé pendant plusieurs semaines , à dessein de trouver ou du moins de me rapprocher de la proportion exacte de la répartition de l'impôt entre les palatinats ; que ce calcul , dis-je , m'a convaincu qu'on a manqué absolument cette proportion par les moyens qui ont été employés ; qu'on a mal compris et mal exécuté la loi , si bien qu'en partant seulement de l'estimation des feux produite par l'ex-division des sommes de l'impôt de 10 pour cent , nous voyons déjà le but absolument manqué , plusieurs palatinats entièrement surchargés , tandis que d'autres se trouvent extrêmement ménagés. Je pose pour preuve de cette assertion un exemple du calcul de l'impôt des palatinats divisés par feux. Dans le palatinat de Braclaw , l'estimation de chaque feu monte à 1039 flor. 27 gr.

$7\frac{2}{8}$ dr. ; tandis que dans le palatinat de Kalisch , situé près de la frontière , étant arrosé de rivières , et proche des ports , un feu ne monte qu'à 1213 flor. 13 gr. $13\frac{2}{8}$ dr. ; dans le palatinat de Gnesen , à 1267 flor. 7 gr. $2\frac{3}{8}$ dr. ; dans celui de Sieradie, avec la terre de Wielun , à 991 flor. 8 gr. 11 dr. ; et dans celui de Leczyc seulement, à 858 fl. 18 gr. $13\frac{5}{8}$ dr. , tandis qu'un feu du palatinat de Podolie , qui n'a ni ports ni rivières bien navigables , monte à 1068 flor. 19 gr. $6\frac{5}{8}$ dr. —Il est donc difficile de comprendre comment un feu du palatinat de Masovie ne monte qu'à 1304 flor. 9 gr. $1\frac{2}{8}$ dr. dans le calcul total des feux , puisque ce palatinat , contenant la capitale du royaume, a en outre quatre rivières navigables , le Bog , la Narew , la Pilica et la Vistule , et que si l'on en vient au détail des districts composant ce dernier palatinat, l'on trouve que l'estimation d'un feu dans la terre de Vizk ne monte qu'à 579 flor. 20 gr. $17\frac{2}{8}$ dr. ; dans celle de Lomza , à 432 flor. 13 gr. $6\frac{2}{8}$ dr. ; dans celle de Rozan, à 391. fl. 5 gr $10\frac{7}{8}$ dr. , tandis qu'en entrant dans le détail des autres districts il se trouve , par l'exdivision des sommes de l'impôt de 10 pour cent, que chaque feu paie dans le district de Braclaw 5 flor. 3 gr. $2\frac{6}{8}$ dr. , dans la terre de Kamieniek 5 flor. 15 gr. $16\frac{3}{8}$ dr. , dans celle de Kiow 6 flor. 20 gr. $14\frac{6}{8}$ dr. , dans le district de Wlodziemierz 8 flor. 18 gr. $13\frac{1}{8}$ dr. ; et que par contre , dans le district de Cracovie il ne paie que 5 flor. 9 gr. $9\frac{1}{8}$ dr. , dans le district de Kalisch 5 flor. 29 gr. $17\frac{7}{8}$ dr. , dans celui de Sieradie 5 flor. $8\frac{1}{8}$ dr. , dans celui de Leczyc seulement 4 flor. 8 gr. $7\frac{5}{8}$ dr. Maintenant qu'on mette à côté ce que paie chaque feu dans le palatinat de Masovie , l'on verra que la terre de Wizk paie 2 flor. 26 gr. $17\frac{1}{8}$ dr. , dans celle de Lomza 2 flor. 7 gr. $1\frac{4}{8}$ dr. ; et dans la terre de Rozan , cette estimation se trouve tellement baissée dans la fassion de l'impôt de 10 pour cent , que le feu ne paie dans ce calcul que 1 flor. 28 gr. $12\frac{1}{8}$ dr. , et il ne se trouve dans la grande Pologne que le district de Blonie payant par feu 15 flor. 25 gr. $1\frac{5}{8}$ dr. , dans la petite Pologne que le district de Proszowice payant par feu 12 flor. 21 gr. $12\frac{1}{8}$ dr. , et dans toute la Lithuanie que le district d'Upita payant par feu 7 flor. 15 gr. $16\frac{4}{8}$ dr. qui se distinguent dans ces trois provinces qui pourroient servir d'exemples aux autres. Cette

évidente proportion mise sous les yeux des
Sérénissimes Etats, ne justifie que trop les
plaintes des différentes provinces et des
palatinats sur l'inégalité de leurs charges,
et doit nous convaincre de la nécessité de
fournir à la députation que nous venons
d'établir tous les moyens qui sont entre nos
mains, tendans à faciliter la juste répartition des impôts, qu'une nation libre sup-
porte avec joie, pourvu qu'elle les voie dis-
tribués avec égalité, et employés uniquement aux besoins publics. Les tables que
j'ai l'honneur de vous présenter semblent
nécessaires pour parvenir à ce but ; je dois
cependant avertir les Illustres Etats que
quelque laborieuses qu'aient été mes recherches, qui sont uniquement sur les tarifs originaux déposés dans les actes de la
commission du trésor, dont tous les articles
sont fidèlement copiés, je n'ai cependant
pu me cacher la triste conviction de ce que
je vous ai annoncé depuis long-temps, que
notre pays, à proportion de 9630 lieues
quarrées qu'il contient, n'est ni aussi peuplé ni aussi riche que nous l'avons cru ;
qu'au contraire, la population est peu proportionnée à l'étendue (si l'on peut ajouter

foi aux tarifs de la dernière lustration) ; puisque le revenu total du pays ne montant, selon les tarifs, qu'à 118,718,488 fl. 14 gr. 12 dr. ne présente qu'une masse des propriétés foncières de la valeur de 2,374,369,769 flor. 23 gr. 6 dr. infiniment moindre, à proportion des richesses de la France, de l'Angleterre, de la Hollande et de la Prusse, de même que d'autres pays moins puissans et moins étendus. La réflexion présente à la vérité deux objets consolans ; savoir : que l'industrie et le commerce, qui ajoutent tant à la richesse nationale, ne sont point mises en ligne de compte, et que l'inexactitude paroît manifeste dans la fassion des revenus particuliers. Cependant quand ce motif nous porteroit à ajouter un quart aux revenus ainsi qu'aux fonds des terres, cette opération ne feroit monter le revenu qu'à 148,398,110 flor. 18 gr. 6 dr. ; et par conséquent toute la masse des fortunes du royaume seulement à 2,967,962,212 flor. 6 gr. 12 dr. Ce qui prouve évidemment qu'un pays dont le commerce est resserré, qui manque de manufactures, dont les villes, excepté la Capitale, tombent en

décadence faute de fabricans et manufac-
turiers , et faute d'une circulation vivifiée
par le commerce , ne sauroit prétendre à
se mettre au niveau des puissances limitrophes , tant par rapport aux forces intérieures , à l'établissement des impôts sans
fouler la nation , qu'aussi pour mettre sur
pied une armée formidable ; que par conséquent tous nos efforts doivent d'abord
avoir pour but de rétablir l'ordre et un gouvernement solide qui animât l'industrie
dans un pays dont la population ne répond
pas à l'étendue. Ce gouvernement stable
pourra seul assurer les villes , animer l'activité des manufactures , et par-là même ,
en fournissant aux habitans mille moyens
de soutien et d'aisance , encourager les mariages et la population , et assurer par-là la
vraie force et la vraie richesse de ce pays ,
à qui la nature semble n'avoir rien refusé.

*Après ces développemens , l'auteur , vou-
lant rendre plus claire et plus sensible aux
Polonois la démonstration de la proportion
du paiement des impôts , à raison des intérêts de 5o , ou 20 , ou 10 pour cent du
revenu des terres , de l'estimation des terres
portées en capital, de l'estimation par feu ,*

CETTE
ISE
YAUME.

| URONNE ET DE LITHUANIE. | | | | | | Le déficit qui résulte à raison de la recette. | | |
| Pɪ ... iste militaire, l'état intérimal 074 hommes. | | | SOMME de la dépense. | | | | | |
or.	G.	D.	Flor.	G.	D.	Flor.	G.	D.
Γ. C46,442	23	»	29,809,689	11	10	1,572,832	17	12
L175,222	15	12	12,763,136	24	12	3,423,205	6	3
gén21,665	8	12	42,572,826	6	4	4,995,587	23	15

Cœux deux tableaux arithmétiques que
l'autqu'au tarif de la valeur de toutes les
terrete l'auteur est le sommaire général
des

BILAN DE LA RECETTE
ET DE LA DÉPENSE
DE TOUT LE ROYAUME.

Les Provinces de la République.	Recette du trésor de la couronne et de la Lithuanie.								Dépense de la couronne et de Lithuanie.									Le déficit qui résulte à raison de la recette.		
	ANCIENS IMPÔTS.		NOUVEAUX IMPÔTS.			SOMME de la recette.			La liste civile, en rabattant la dépense pour le conseil.			La liste militaire, selon l'état intérimal de 65,074 hommes.			SOMME de la dépense.					
	Flor.	G.	Flor.	G.	D.	Flor.	G.	D.	Flor.	G.	D.	Flor.	G.	D.	Flor.	G.	D.	Flor.	G.	D.
Dans la Couronne.	14,557,145	11	13,680,161	12	16	28,237,306	23	16	6,263,246	18	10	23,546,442	23	»	29,809,689	11	10	1,572,832	17	12
En Lithuanie.	5,104,682	29	4,325,248	10	9	9,339,931	18	9	2,887,914	9	»	9,875,222	15	12	12,763,136	24	12	3,423,205	6	3
Somme générale....	19,571,828	10	18,005,410	2	7	37,577,298	12	7	9,151,160	27	10	33,421,665	8	12	42,572,826	6	4	4,695,587	23	15

Ce tableau est suivi de remarques pour servir d'éclaircissement aux deux tableaux arithmétiques que l'auteur a présentés sur les revenus fonciers et les impôts, ainsi qu'au tarif de la valeur de toutes les terres en Pologne et en Lithuanie. Le dernier tableau que présente l'auteur est le sommaire général des dépenses de la *liste civile*, que nous joignons ici.

SOMMAIRE GÉNÉRAL
DES DÉPENSES DE LA LISTE CIVILE.

	DE LA COURONNE.			DE LITHUANIE.			Somme générale.		
	Flor.	G.	Dr.	Flor.	G.	Dr.	Flor.	G.	De.
Au trésor de Sa Majesté	2,666,666	20	»	1,333,333	10	»	4,000,000	»	»
Au département du grand Maréchal	227,461	»	»	134,000	»	»	361,461	»	»
Au département du Chancelier.	60,000	»	»	106,000	»	»	166,000	»	»
Au département du Trésor	436,000	»	»	240,658	15	»	676,658	15	»
Pour les dettes de la République, 991,299 flor. 22 gr. 10⅚ dr. & pour celles de Sa Majesté, 700,000 flor. . . . . . ensemble	1,266,285	18	10⅚	425,014	4	»	1,901,299	22	10⅚
Pour différentes dépenses civiles, savoir : pour les Princes Royaux de Pologne, les Maréchaux de la Diète et des Tribunaux, des Ministres auprés des Cours étrangères, pour le Cabinet, l'Ecole Militaire, les Juges des Frontières, la Réparation des Châteaux, pour rendre les Rivières navigables, pour la Dépense extraordinaire, etc.	1,606,833	10	»	648,908	10	»	2,255,741	20	»
Somme générale . . .	6,263,246	18	10⅚	2,887,914	9	»	9,151,160	27	10⅚

Nous avons laissé de côté les deux tableaux immenses de l'auteur, relatifs à ses idées telles qu'il les a exposées, nous contentant de présenter l'état réel et actuel des choses. C'est uniquement ce qui doit intéresser le lecteur.

...ÉRAL

...TE CIVILE.

	DE LA ...RONNE.			DE LITHUANIE.			Somme générale.		
	.	G.	Dr.	Flor.	G.	Dr.	Flor.	G.	De.
Au ...	666	2c	»	1,333,333	10	»	4,000,000	»	»
Au ...	461	»	»	134,000	»	»	361,461	»	»
Au ...	ooc	»	»	106,000	»	»	166,000	»	»
Au ...	600	»	»	240,658	15	»	676,658	15	»
Pour cel...	285	18	10 $\frac{6}{8}$	425,014	4	»	1,901,299	22	10 $\frac{6}{8}$
Pour Po au... de... nà...	833	10	»	648,908	10	»	2,255,741	20	»
	246	18	10 $\frac{6}{8}$	2,887,914	9	»	9,151,160	27	10 $\frac{6}{8}$

Nou...r, relatifs à ses idées telles qu'il
les a...des choses. C'est uniquement ce qui
doit i...

d'après le capital ; du revenu par feu, de l'impôt par feu, fait un résumé général conforme à ses idées et à ses calculs. De-là il passe à un sommaire général *de tous les revenus de la république, soit de la couronne, soit de Lithuanie, et au calcul des proportions par lieues quarrées, tant des feux que des impôts et de la population ; après quoi il présente* le résumé et état général de la république *en un tableau raccourci. Ce tableau est suivi du bilan de la recette et de la dépense de tout le royaume.*

F I N.

TABLE

DES MATIÊRES

Contenues dans ce volume.

A.

B.

C.

D.

F.

G.

H.

I.

pas être abrogée dans la même, *pag.* 112

M.

A a 2

P.

Fin de la Table.